D1994303

*Martin Frohnhöfer*

# JUGENDTREFF

*29 praktische Vorschläge für die offene Jugendarbeit in der Gemeinde*

*Herder Freiburg · Basel · Wien*

9.80
B8/5

Zeichnungen: Klaus Scheifele

Alle Rechte vorbehalten – Printed in Germany
© Verlag Herder Freiburg im Breisgau 1982
Herstellung: Freiburger Graphische Betriebe 1982
ISBN 3-451-19686-7

# *Inhalt*

# *Statt eines Vorworts: Jugendtreff? – Wie wird's gemacht?*

## *Jugendtreff als „Alternative"*

Seit den letzten Jahren nimmt die Zahl der Jugendlichen, die nicht oder nicht mehr an der Form der organisierten Jugendverbandsarbeit teilnehmen, immer stärker zu. So entstanden Teestuben, Filmclubs, offene Treffpunkte, Jugendcafés usw. Auch im Bereich der kirchlichen Jugendarbeit wird diese Entwicklung beobachtet.
So werden in manchen Gemeinden „Jugendtreffs" zu einer festen und beliebten Einrichtung. Etwa alle 8 bis 14 Tage sind dazu die Jugendlichen ab 14 Jahren eingeladen. Für die Teilnahme am „Jugendtreff" sollte jedesmal mittels Handzettel, Information der Lokal- und Kirchenpresse und Vermeldung in den Sonntagsgottesdiensten geworben werden.
Dort, wo bereits ein solcher „Jugendtreff" existiert, nimmt die Jugend heute dieses Angebot meist gerne an. Die Gründe für die rege Teilnahme mögen verschiedener Art sein. Sicher wird die gute Gelegenheit des Kontaktes geschätzt, was von den Jugendlichen immer wieder betont wird. Außerdem können die jungen Leute an den Angeboten teilnehmen, die für sie jeweils Bedeutung haben. Sie werden also nicht zu etwas gezwungen, was sie nicht interessiert. Eine geforderte Mitgliedschaft würde sich wahrscheinlich sehr hemmend auswirken. Auf der anderen Seite ist gerade diese Unverbindlichkeit ein gewisses Risiko für die Organisatoren der Abende. Immer wieder neu ist die mit gemischten Gefühlen gestellte Frage: „Wie viele werden kommen? – Wird die Idee ankommen?" Ein „Plus" für die Vorbereitung und Durchführung ist die Abwechslung in den Themen und Angeboten.

*Keine einseitigen Angebote*

Nur Diskussionen, nur Bildungsangebote sind ebenso einseitig wie nur Diskos, nur Spiele, nur Feten. Die Jugendlichen sollen verschiedene Möglichkeiten ihres Mitwirkens haben. So sollte auch der Grundsatz für einen „Jugendtreff" sein, möglichst durch vielfältige Angebote den Anreiz entstehen zu lassen, mal etwas Neues kennenzulernen. Zu den verschiedenen Angeboten gehören so unterschiedliche Themen, wie sie in diesem Büchlein geschildert werden. Diskos- und Spielfilmabende gehören auch zum Programm des Jugendtreffs. Sie werden hier aber nicht näher beschrieben, da für die Vorbereitung und Durchführung in der Regel kein besonderer Aufwand erforderlich ist. Dafür werden die anderen Abende von der Idee bis zur Ausführung beschrieben. Wo es notwendig erscheint, werden die

inhaltlichen und methodischen Ausführungen etwas ausführlicher dargelegt. Ansonsten werden die einzelnen Abende in möglichst knapper Form geschildert; denn der Phantasie des einzelnen sind ja keine Grenzen gesetzt. Vielleicht wird der eine oder andere hier angeregt, ähnliches zu versuchen und manches vielleicht auch besser zu machen. Man muß nur einfach anfangen.

Für das Gelingen eines Abends ist vor allem eine rechtzeitige Planung wichtig. So müssen die Überlegungen für die Herbst- und Winterzeit am besten schon vor den Sommerferien beginnen. In der Gruppe der Verantwortlichen für den Jugendtreff sollte ständig nach neuen Ideen Ausschau gehalten werden. So können auch frühzeitig etliche Abende schon im voraus „verplant“ werden.

So haben wir es gemacht. Für Kritik und weitere Anregungen sind wir immer dankbar. Schreibt uns!

M. Frohnhöfer, Postfach 328
4730 Ahlen

# 1

# *„Jetzt muß er in den Knast" – Straffällig gewordene Jugendliche – Außenseiter der Gesellschaft?*

## Gespräch mit einem Bewährungshelfer des Amtsgerichtes

*Methode:*

Vortrag, Diskussion im Plenum

*Fachleute:*

Ein Bewährungshelfer; zusätzlich möglichst einige Leute vom Fach, z. B. auch Studenten und Praktikanten; Gesprächsleiter

*Material:*

Evtl. Tafel oder Plakatkarton (Filzstifte/Kreide)

### *Ein Problem, das jeden angeht*

In jeder Stadt gibt es Bewährungshelfer, die den entlassenen Strafgefangenen bei ihrer Rückkehr und Eingliederung in den normalen Alltag beistehen sollen. Die Anschriften sind bei den Amtsgerichten zu erfahren. Sicher wird sich einer der Bewährungshelfer ansprechen lassen, an einem Abend im Jugendtreff zu Gast zu sein. Hier der Verlauf eines solchen Abends:

Der Bewährungshelfer erklärte zunächst den Begriff „Kriminalität" und erläuterte anhand der verschiedenen Delikte sehr anschaulich, wie Kriminalität entsteht. Erstaunt waren die Zuhörer darüber, wieviel Suchtkranke (z. B. Drogenabhängige) in die Kriminalität abgleiten. Mit diesem Personenkreis fühlen sich die Sozialarbeiter oft alleingelassen. Resozialisierung gehe aber jeden an.

*Möglichkeiten zur aktiven Hilfe*

Diese Ausführungen fanden großes Interesse, so daß sich erwartungsgemäß eine recht lebhafte Diskussion anschloß. Die Jugendlichen interessierten sich vor allem für Hilfsmöglichkeiten in ihrem Bereich. Der Bewährungshelfer betonte, daß eigentlich jeder etwas tun kann. Das wichtigste sei, das allgemeine Vorurteil gegen Straftäter mit abbauen zu helfen. Konkret z. B. könne das Angebot einer Briefpartnerschaft mit einem Gefangenen eine wertvolle Hilfe sein. Bei allen Aktionen sei jedoch eine Beständigkeit notwendig. Von Fall zu Fall ist sicher auch eine fachliche Hilfe angebracht.

*Plan: Besuch in einem Jugendgefängnis*

An diesem Abend zeigte sich, daß viele Jugendliche nicht nur diskutieren wollen. So entstand der Plan, einen der nächsten „Jugendtreffs“ in ein Jugendgefängnis zu verlegen, um sich an Ort und Stelle zu informieren und zu überlegen, welche Verantwortung der einzelne übernehmen kann und welche Hilfen Gruppen geben können.

# *2*

# *„Jetzt ist er im Knast“ –*

## Besuch im Jugendgefängnis

*Methode:*

Gespräch mit jugendlichen Gefangenen, z. T. in Kleingruppen; Vorbereitung und Auseinandersetzung mit der Thematik unbedingt notwendig

*Fachleute:*

Gefängnispfarrer, Leiter der Strafanstalt

*Material:*

Nicht erforderlich, rechtzeitige Bestellung des Autobusses für die Anreise

## *Die Idee*

Sollen die am Ende einer Diskussion erreichten Ergebnisse nicht in Unverbindlichkeiten steckenbleiben, so muß nach Möglichkeiten praktischer Verwirklichung gesucht werden. So entstand beim Diskussionsabend mit dem Bewährungshelfer die Idee, ein Jugendgefängnis zu besuchen. Weil noch viele Fragen offenblieben, beschlossen die Jugendlichen, einmal „vor Ort" zu gehen. Anlauf- und Vermittlungsstelle sollte der Gefängnisseelsorger sein, da dieser in der „Hierarchie" einer Strafanstalt eine gewisse „neutrale Stellung" einnimmt. So kamen die Kontakte zum Jugendlager Falkenrott in Niedersachsen zustande.

## *Bedingungen für die Teilnahme*

Haben die Initiatoren klare Erwartungen an die Teilnehmer einer „Aktion", so sollten diese auch ohne Umschweife formuliert werden. Es zeigt sich, daß gerade Jugendliche solche Informationen durchaus begrüßen. So stand in der Einladung zu diesem Besuch: *„Bedingungen:* Mindestalter 16 Jahre (keinerlei Ausnahmen möglich). – Unbedingte Bereitschaft zur Auseinandersetzung mit der Problematik jugendlicher Strafgefangener, d. h. unter anderem auch, daß einige Vorurteile zu Hause bleiben müssen. – Unbedingte Bereitschaft zum Gespräch mit den jugendlichen Gefangenen. Das Gespräch wird in den meisten Fällen von uns aus ‚angekurbelt' werden müssen."
Solche deutlich formulierten Hinweise sind gerade vor ei-

nem Gefängnisbesuch besonders wichtig. So können vielleicht die „sensationslüsternen“ Teilnehmer abgehalten werden.
50 Jugendliche machten sich dann an einem Samstagnachmittag auf den Weg ins Jugendgefängnis.

### *Verschiedene Positionen: Gespräch mit Insassen und Gefängnisleitung*

Wie werden Jugendliche straffällig? Wie ist das Leben in einer Strafanstalt? Wie werden die Gefangenen mit ihrer Situation fertig? Wie stellen sie sich ihr Leben nach der Haft vor? Das sind Fragen, die schon vor dem Besuch etwas überlegt und vorbereitet werden müssen. Die Antworten können nur die Betroffenen selbst geben, und so beginnt der Besuch denn auch gleich nach der Ankunft im Gefängnis mit einem Gespräch, einer Frage- und Antwortrunde, die nicht mehr als einen ersten groben Überblick über den Alltag im „Knast“ geben soll. Von den jugendlichen Strafgefangenen erfahren die Teilnehmer sicher, wie der Tagesablauf im Gefängnis reglementiert ist. Meist wird das Gespräch nur zögernd in Gang kommen, da sich auch nicht alle Insassen für die Wißbegierigkeit der Besucher aufgeschlossen zeigen. Nach den Gesprächen mit den Strafgefangenen wird es gut sein, auch die andere Seite zu hören. Dazu dient die Gesprächsrunde mit dem Leiter der Strafanstalt. Viele von den jugendlichen Strafgefangenen vorher geäußerte Beschreibungen der Situation werden durch ihn bestimmt von einer anderen Warte betrachtet. Der Gefängnis-Kaplan sollte die Jugendlichen während ihres Besuches begleiten. So kann er auch immer die Fragen bezüglich seiner Aufgabe und seines Arbeitsbereiches sofort beantworten und auch hier und da notwendige Korrekturen bei den Gesprächen anmerken.

# 3
## *„Buße, Beichte, Fastenzeit" –*

Gespräch mit den Kaplänen

*Methode:*
Einleitendes Statement; Tonbildschau; Gespräch in Kleingruppen; Zusammenfassung im Plenum

*Fachleute:*
4 bis 6 Priester

*Material:*
Rechtzeitig Tonbild besorgen; Diaprojektor; Leinwand

*Thema „Beichte" im Jugendtreff?*

In den sogenannten Frage- und Kontaktstunden mit dem Priester in den Schulen zeigt sich, daß das Thema „Beichte" immer noch viele Jugendliche bewegt. Das ist be-

sonders in den oberen Klassen der Fall. So werden sich denn auch zu diesem Gesprächsabend sicher genügend Leute einfinden, um mit mehreren Kaplänen über dieses Thema zu diskutieren. Gut ist es, den „Einstieg" in den Diskussionsabend mit der Vorführung eines Tonbildes zu beginnen. Danach können dann Kleingruppen gebildet werden.

*Zum Einstieg: Tonbild „Buße und Beichte"*

Im Impuls-Studio München ist das Tonbild „Buße und Beichte" erschienen. In meditativer Weise wird der Zuschauer mit dem bekannt gemacht, was eigentlich in jeder Beichte geschieht: Wir werden von Gott angenommen und geliebt, obwohl wir Sünder sind. Wer dies erfährt, kann sich innerlich wieder Gott zuwenden und sein Leben neu gestalten.
Diese Kernaussage des Tonbildes wird der Zuschauer jedoch erst dann in sich aufnehmen, wenn er zuvor die vielen Barrikaden beseitigt hat, die den Weg zu einer sinnvollen Beichtpraxis versperren. Es empfiehlt sich daher, nach einer kurzen Einführung in die Veranstaltung den Zuschauern gleich die Möglichkeit zu bieten, ihre persönlichen Probleme und Abneigungen gegenüber der Beichte zu formulieren.
Am Anfang des Tonbildes wird die Frage gestellt: Ist die Beichte veraltet und wertlos? Als Antwort wird zunächst auf die Notwendigkeit von Normen und die Norm christlichen Verhaltens, nämlich Liebe zu verwirklichen, verwiesen. Am Beispiel eines kleinen Mädchens wird gezeigt, daß Verfehlungen oft ihre Ursache im Verhalten der Umwelt haben. Drohung oder Zwang sind nicht die Mittel, den Menschen zu verändern. Dafür hat Jesus ein Beispiel gegeben. Bekehrung ist das „Ja zum Sünder sein". Selbstbesinnung zielt immer auf den Kern eines Mißverständnisses und fragt nach Verfehlungen gegen Gott und den Näch-

sten. Die sakramentale Form der Beichte ist Zeichen des Heilsangebotes Jesu, Erlebnis der Geborgenheit.
Im beigefügten Heftchen sind der Text des Tonbandes und einige brauchbare Anregungen für die weiterführenden Gespräche abgedruckt. Die Vorführung des Tonbildes mit 36 farbigen Dias (Kunst- und Realaufnahmen) dauert insgesamt 21 Minuten. Es kann im Impuls-Studio, München, erworben oder in den Medienzentralen der Diözesen ausgeliehen werden.

*Gespräch in Kleingruppen*

In den sich anschließenden Gesprächen wird über den „Wert“ der Beichte und den Sinn der Buße und der Fastenzeit diskutiert. Im Vordergrund der Erörterungen steht allerdings immer wieder die Frage: Warum beichten? Zunächst ist das sicher biblisch begründet: „Denen ihr die Sünden nachlaßt, denen sind sie nachgelassen, denen ihr sie behaltet, denen sind sie behalten“ (Johannesevangelium, 20. Kapitel, 23. Vers). So hat Jesus zu seinen Jüngern gesagt.
Bei diesem „Jugendtreff“ äußerte einer der Jugendlichen, daß Beichte auch echte Lebenshilfe sein könne. Er verglich die Beichte mit einem Besuch bei einem Psychologen. Dieser versuche im Gespräch mit seinem Klienten das ganze „Innenleben“ aufzuklappen. In einem guten Beichtgespräch geschehe ja wohl in etwa das gleiche. Nur, wer klappt hinterher wieder zu?
Zum gläubigen Christen könne aber der Priester sagen: Geh hin, deine Schuld ist dir vergeben. Es ist alles wieder gut.
Kritik wird vor allem an der bisherigen Form der Beichtpraxis geübt. Wenn man in den Beichtstuhl gehe und seine „Sünden“ aufsage, sei das wie bei einem Automaten. Als angenehmer, aber auch als „anstrengender“ würde die Form des wesentlich längeren und auch intensiveren Beichtgesprächs genannt.

Vielleicht kann das Ergebnis eines solchen Gesprächsabends eine eigens angesetzte „Jugendbeichte“ sein.

*Ergebnis dieses Jugendtreffs:*
*„Experiment Jugendbeichte“*

In der letzten Woche vor Weihnachten oder vor Ostern dürfte ein besonderes „Experiment“ kirchlicher Praxis gewagt werden: Jugendliche werden zur Beichte eingeladen. „Feier der Versöhnung“ – so kann dieser Abend genannt werden. Das bevorstehende Fest wird zum Anlaß genommen, noch einmal die Beichte für Jugendliche bewußtzumachen. Alle jungen Leute der Gemeinde sollen persönlich angeschrieben und in den oberen Klassen der Schulen in den Tagen und Wochen davor verstärkt das Gespräch zum Thema Beichte geführt werden. Gerade in der Vorbereitungszeit auf das Fest kommt so mancher zum Nachdenken und stellt fest, daß es mit „Vordergründigkeiten“ nicht getan ist. So halten sich denn – neben den ortsansässigen Kaplänen – auch mehrere Kapläne aus den Nachbarstädten für die Beichte und das persönliche Beichtgespräch bereit. Bestimmt ist solch eine offene Aussprache für viele eine echte Lebenshilfe.

# 4
## *„Spiel – Spaß – Geselligkeit“ –*

Ein Jugendtreff zum Kennenlernen

*Methode:*
Spielrunde

*Fachleute:*
Mehrere Spielleiter

*Material:*
Spielmaterial vorher besorgen

*Locker, leicht Kontakte knüpfen*

Ist wieder einmal ein Jugendtreff mit einem „ernsten Thema" vorausgegangen, so bietet sich ein Treffen in lokkerer und geselliger Form an. Im Grunde ist dieser Jugendtreff nichts als ein Spielabend mit einigen pfiffigen Ideen. Zunächst gilt es, die Leute zu bewegen mitzumachen, sie zu motivieren, sie buchstäblich von den Plätzen zu locken. Einige Spielleiter erklären sich bereit, diese vielleicht etwas schwierige Aufgabe zu übernehmen. Wichtig: Man muß einfach nur den Mut haben anzufangen. Dann aber müssen sicher die Spielleiter immer die ersten Mitspieler sein. Von ihrer Bereitschaft und „Ausstrahlung" hängt einiges ab. Zu Beginn sind die sog. „Eisbrecher" oder Begrüßungsspiele, also typische Eröffnungsspiele zu empfehlen. Diese Spiele sind besonders dazu geeignet, daß die Teilnehmer einander näher kennenlernen und den Kontakt zu allen finden. So formt sich das Gemeinschaftsgefühl. Zwanglos, locker und sehr freiwillig muß die Spielfreudigkeit zuerst geweckt werden. Später kann man dann im Laufe des Abends mehr voraussetzen.

*Drei Beispiele zur Eröffnung*

*Testverfahren* – Spielmaterial: keins – Anzahl der Spieler: unbegrenzt

Die Teilnehmer sitzen in der Runde. Der Spielleiter erklärt, daß heutzutage alle möglichen Dinge getestet werden. Also auch Menschen. Er kündigt dann einen Test an und fragt nach der inneren und äußeren Situation der Leute. Das spielt sich folgendermaßen ab: Es werden Fragen gestellt.

Gewicht (Sprünge zwischen 10 und 20 Pfd., ebenso bei den anderen Maßen)
Größe
Schuhgröße
Kragenweite
Anzahl der Zähne
welche Krankheiten (Masern, Gelbsucht usw.)
wer hat die Mandeln noch drin
wer hat den Blinddarm noch drin ...

Beteiligung der Spieler:
Bei Antworten, die sie betreffen, stehen sie kurz auf und setzen sich wieder hin, damit der Spielleiter „einen Überblick hat". So gerät der ganze Kreis zu Beginn eines Spielabends bereits „in Bewegung".

*Familie Meier* – Spielmaterial: Eine Anzahl kleiner vorgeschriebener Kärtchen mit Familiennamen – Anzahl der Spieler: unbegrenzt

Entsprechend der Zahl des Kreises werden kleine Kärtchen mit Familienaufschriften vorbereitet und gemischt. Jede Familie hat vier Mitglieder, also vier Kärtchen (z.B. Vater Meier, Mutter Meier, Sohn Meier und Tochter Meier; entsprechend: Schulze, Huber, Knolle etc.). Die Kärtchen werden an die Teilnehmer verteilt. Auf das Kommando des Spielleiters setzen sich alle Mitglieder in Bewegung und gehen kreuz und quer im Kreis herum. Sie tauschen dabei mit anderen Spielern, die ihnen begegnen, immer wieder ihre Kärtchen.
Gibt der Spielleiter durch Gong oder Ruf ein Zeichen, so müssen alle „Familienangehörigen" sich zusammenfinden und sich gemeinsam auf einen Stuhl setzen. Zuunterst sitzt Vater Meier, darauf Mutter Meier, dann Sohn und Tochter Meier. Das muß sehr schnell gehen, da die Familie, die zuletzt sitzt, ausscheidet. Sieger ist die zuletzt übriggebliebene Familie.
Ein Spiel mit viel Klamauk. Es bringt einen Kreis auf nette

Art in Bewegung, lockert und schafft Kontakte. Ist so erst einmal die Spielfreudigkeit geweckt, so kann man dann auch Spiele zwischen Gruppen oder einzelnen durchführen.

*Halt die Klappe!* – Spielmaterial: 2 Küchenbrettchen – Anzahl der Spieler: unbegrenzt
(Dieses Spiel erfordert viel Beweglichkeit und auch etwas Phantasie des Spielleiters.)

„Halt die Klappe! – Ja, ich meine dich da drüben! Halt doch bitte einmal die Klappe!"
Wahrscheinlich tritt jetzt eisige Ruhe ein. Wer gemeint sein könnte, wird meinen, er wäre gemeint. Deshalb eignet sich das Spiel mit diesem Auftakt besonders in einem kritischen Augenblick. Selbstverständlich kann man es auch verbindlicher ansagen. „Was ist denn plötzlich los hier? Ich habe doch nur jemanden gebeten, die Klappe zu halten. Wir wollen doch jetzt gemeinsam einen Film drehen."
Der Spielleiter nimmt zwei kleine Küchenbrettchen, die man gegeneinander schlagen kann.
„Wer kann sich denn heute noch der Suggestivkraft des Films entziehen? Wenn ihr wollt, drehen wir auch ein Fernsehspiel. Wie wär's mit einem Krimi? Aber dann sind wir ja nächste Woche noch hier – wegen der vielen Fortsetzungen. Aber mitmachen werden sicher alle. Jeder wird seine Rolle spielen – wie im Leben. Wärst du z. B. so freundlich, hier diese Filmklappe zu halten und zu Beginn einer jeden Szene die Bretter gegeneinander zu schlagen. Vielen Dank, daß du so bereitwillig mitmachst."
Das sollte der Spielleiter in jedem Fall sagen, auch wenn der Betreffende zögert.
„Du hast hier eine große Rolle übernommen, eine wichtige Aufgabe. Ohne dich könnte der ganze Film hier nicht gedreht werden. Das gilt übrigens für alle Mitwirkenden. Unser Film hat nur große und wichtige Rollen. Und niemand soll nachher etwas herausschneiden können. Wir senden nämlich life. Würdest du einmal ausprobieren, ob es auch

richtig ‚klappt'. Also ich sage an: Szene soundso zum x-tenmal. Ja, jetzt: Klapp! Wunderbar!
Dann kann's losgehen: Szene 833 zum erstenmal – Klapp – gut – Der Sturm heult! – Ja bitte ihr dort vorne, laßt doch bitte den Sturm heulen ... ja, schön so ... nicht ganz so plötzlich – mehr an- und abschwellen. Also bis dahin noch einmal: Szene 833 zum zweitenmal – Klapp!"
Dabei klatscht der Spielleiter mit ausgestreckten Armen in die Hände, um so die Filmklappe anzudeuten.
„Der Sturm heult ... Fabelhaft – und jetzt: der Regen prasselt – Also großartig, ihr habt es schon begriffen: Ja, ihr dort, klatscht bitte mit den Händen an eure Wangen ... also bis dahin: Szene 833 zum 47. Mal. Der Sturm heult ... Der Regen prasselt ... Danke" usw. usw. Immer wieder von vorn. Man kann kleine und große Hunde bellen lassen, Autos hupen, Katzen miauen, Frösche quaken und wenn man Ruhe braucht: „Tiefe Stille" – ja bitte: noch einmal, am besten machen wir es alle: „Tiefe Stille". Nicht nachlassen, bis es mäuschenstill ist.
Der Spielleiter muß die Geschichte so spannend wie möglich gestalten, jedoch auch das Gefühl dafür bewahren, wie lange sich die Spannung halten läßt. Jetzt holt er sich drei oder mehr junge Damen aus dem Kreis und läßt sie als schlanke Pappeln oder Birken sich im Winde wiegen, drei Burschen kriechen als Brombeergesträuch am Boden und ein „würdiger Herr" geht dahinter als guter Mond auf. Und immer wieder: „Bis dahin". Und dann ein guter Schluß – mit etwas Phantasie wird's gelingen.
Weitere brauchbare Anregungen für die Vorbereitung und Gestaltung eines solchen geselligen Abends finden sich in der „Schwalbacher-Spielkartei", Verlag Haus Schwalbach, 6200 Wiesbaden-Dotzheim, Bethelstr. 35, und in der „Spielkartei – Druck und Vertrieb gruppenpädagogischer Literatur", Wolfgang Künne, Postfach, 6393 Wehrheim.
Beide Karteien sind übersichtlich geordnet und werden laufend ergänzt.

# 5
# *Zu Gast in der Synagoge*

*Methode:*
Besuch eines Gotteshauses

*Fachleute:*
Rabbiner; Kantor oder Mitglied einer jüdischen Gemeinde

*Material:*
Nicht erforderlich; evtl. Autobus für die Anreise

## *Auch ein Beitrag zur Ökumene*

„Christen und Juden haben vieles, was sie miteinander verbindet“ – Fazit eines Besuchs in der münsterschen Synagoge. Etwa 50 Jugendliche und einige Erwachsene machten sich auf den Weg, um einer Einladung in die Synagoge zu Münster zu folgen. Eine komplette Anschriftenliste der jüdischen Kultusgemeinden in Deutschland ist beim „Zentralrat der Juden“, Fischerstr. 49, 4000 Düsseldorf, zu erhalten.
Manch einer der Teilnehmer wurde nach dem Besuch in der Synagoge sehr nachdenklich und beschloß, in Zukunft doch einmal intensiver das Alte Testament zu studieren. Schließlich ist das Alte Testament als Grundlage des Glaubens das wichtigste Bindeglied zwischen Juden und Christen. Auch der gesamte Wortlaut des Alten Testaments stimmt bei Juden und Christen überein – nur sind die einzelnen Schriften zum Teil unterschiedlich angeordnet. Solche Dinge zum Beispiel konnte man bei dem Synagogenbesuch erfahren.

*Wichtig: Vorbereitungsabend*

Angefangen hat alles mit einem intensiven Vorbereitungsabend. Schließlich wollten die Teilnehmer nicht ganz ohne Ahnung von den Eigenarten des Judentums nach Münster fahren. Die Schilderung der Situation des heutigen Israel war eine gute Grundlage zur Vorbereitung. Schließlich kann man gerade in diesem Land das Leben und den Glauben der Juden intensiv erfahren. Anhand eines interessanten Tonbildes über den Ablauf des jüdischen Gottesdienstes informierte sich die Runde über die besonderen Riten und Eigenarten jüdischer Gebetsformen.
Dieses Tonbild ist erschienen bei der „Evangelischen Zentralbildkammer“ in Bielefeld und kann bei den Medienzentralen und Bildstellen der Diözesen ausgeliehen werden. Das umfangreiche Tonbild besteht aus zwei Teilen von je 55 Minuten mit 82 bzw. 90 farbigen Dias. Der erste Teil informiert über die Geschichte der Juden, über das religiöse Leben der Juden im Alltag, über den Gottesdienst und die verschiedenen Dienste des Gottesdienstes.
Der zweite Teil des Tonbildes informiert über den religiösen Lebenslauf eines Juden und das Leben in einer jüdischen Familie: Beschneidung, religiöse Kindererziehung, Bar-Mitzwa-Feier, Pflichtverteilung in der Familie, Speisegesetze und Sabbatfeiern in Haus und Synagoge.
Das Tonbild eignet sich wegen seiner Dauer und Informationsdichte weniger zur Vorführung in ganzer Länge. Das sehr gute Bildmaterial und die gute Gliederung aber machen es möglich, das Tonbild in Abschnitten vorzuführen.
Mit dem notwendigen Wissen gerüstet, trafen die jungen Leute in Münster ein. Am Eingang der Synagoge wurden sie schon von einem Mitglied der jüdischen Gemeinde empfangen. So betraten die Teilnehmer den Vorraum der Synagoge – und manch einer der Herren war enttäuscht, daß er die eigens mitgebrachte Kopfbedeckung nun doch nicht aufzusetzen brauchte. Wie jede christliche Kirche ih-

ren Patron hat, so hat jede Synagoge einen „Hauspropheten“ – in Münster ist es der Prophet Jesaja. Überrascht waren besonders die jüngeren Teilnehmer, als sie hörten, daß die gesamte jüdische Kultusgemeinde in Münster nur etwa 120 Personen zählt. Dabei erstreckt sich das Gemeindegebiet fast über das ganze Münsterland.
Betritt man den Gebetsraum der Synagoge, so fällt der Blick sofort auf das Zentrum, den Tora-Schrein. Darin aufbewahrt sind die Tora-Rollen, die fünf Bücher Mose. Für den Juden ist die Tora, die Weisung, das Gesetz, für sein gesamtes Leben von entscheidender Bedeutung. Deswegen auch die besondere Ehrfurcht vor diesem Wort Gottes. Handgeschrieben sind diese Rollen übrigens und ausgebreitet etwa 50 Meter lang.

*Aus dem jüdischen Gemeindeleben*

Ist ein Junge 13 Jahre alt, so wird er ein Bar-Mitzwa, das heißt, er wird aus der versammelten Gemeinde herausgerufen und darf aus der Tora lesen – auf hebräisch natürlich. Jedes jüdische Kind lernt etwas Hebräisch, da es die Sprache des Alten Testaments ist. Daher kommt wohl auch die Redewendung: „Es geht zu wie in einer Judenschule“, denn das Auswendiglernen der hebräischen Worte geschieht oft sehr ungezwungen, jeder lernt laut für sich.
Sabbat und Feste sind Höhepunkte im Leben des Juden. Der Sabbat ist der siebte Tag der Woche. Er dauert von Freitagabend bis zum Samstagabend. Er ist ein Tag der Freude, der Ruhe und des Friedens. Darum darf der Jude am Sabbat nicht arbeiten.
Es war ein informativer Abend. Zum Schluß tauchte die Frage auf, ob die Gruppe etwas zum Dank tun könne. In Israel werde versucht, viele Landstriche durch das Bepflanzen von Bäumen fruchtbar zu machen. Ein Baum kostet DM 10,–. Die Sammlung an diesem Abend erbrachte einen Betrag für insgesamt 10 Bäume. Diese werden jetzt in Israel auf den Namen der Gruppe gepflanzt.

# 6

# *„Leben im Orden“ –*

## Ordensleute zu Gast beim Jugendtreff

*Methode:*

Statement der Gäste; Gespräch in Kleingruppen; Zusammenfassung im Plenum; evtl. Abschlußgebet

*Fachleute:*

Vertreter verschiedener männlicher und weiblicher Ordensgemeinschaften

*Material:*

Nicht erforderlich

### *Warum Orden?*

„Zwischen sechs und sieben Uhr abends geht es bei uns mitunter recht laut zu“, berichtete Schwester Felicitas, Oberin eines Klarissen-Klosters. Gemeinsam mit drei Franziskaner- und drei Canisianer-Brüdern aus Münster, der Oberin des Krankenhauses und einer Schwester vom Orden „Unserer Lieben Frau“ war sie der Einladung zu diesem Gesprächsabend zum Thema: „Ordensleute – Idealisten, Schwärmer, Weltverbesserer?“ gefolgt, um den Jugendlichen von ihrem Leben zu erzählen und auch von den Beweggründen, die sie veranlaßten, einem Orden beizutreten.

### *So viele Unterschiede*

Zunächst stellten die Gäste sich und ihren Orden vor.
Die Canisianer sind eine Gemeinschaft von Brüdern, Menschen, die „in Christi Namen zusammengekommen sind –

eine starke Glaubens- und Lebensgemeinschaft“, wie es einer der drei Münsteraner Brüder ausdrückte.
Die Klarissen, eingebunden in den Franziskaner-Orden, führen ein beschauliches, einfaches und schlichtes Leben ohne Tätigkeit nach außen. Ihre Aufgabe sei es, der Kirche betend zur Seite zu stehen.
Die Krankenschwestern vom Dritten Orden des hl. Franziskus sind ein tätiger Orden, der seinen Dienst sehr stark nach außen verrichtet. Ebenfalls ein tätiger Orden ist die weltweite Kongregation der Schwestern „Unserer Lieben Frau“, die versuchen, Gebet und Arbeit miteinander zu verbinden. Viele Schwestern sind im Schulbereich tätig, einige auch als Gemeindereferentinnen.

*Gruppengespräch*

Nach dieser Vorstellung teilten sich die Jugendlichen und Gäste auf die verschiedenen Räume des Pfarrheims auf, um intensiver über das Ordensleben zu sprechen. Die meisten Zuhörer scharten sich um Schwester Felicitas von den Klarissen. Ein Beweis, wie interessiert die jungen Leute am Leben in einem beschaulichen Orden sind.
Sie berichtete zunächst vom Tagesablauf in ihrem Kloster. Die meiste Zeit verbringen die Schwestern beim gemeinsamen und beim stillen Gebet. Sie verrichten ihre Arbeit betend und nachdenkend unter den Augen Gottes. Sie beschäftigen sich viel mit Glaubenswahrheiten, um intensiver am Leben der Kirche teilnehmen zu können. „Wir sind jedoch nicht den ganzen Tag still. Besonders abends sprechen wir viel miteinander, um den Tag zu reflektieren. Manchmal wird es dann auch ein wenig laut bei uns“, erzählt Schwester Felicitas.

*Zum Abschluß: Gebet*

Zum Abschluß des Abends fanden sich alle Jugendlichen und die Gäste wieder zusammen im Saal ein. Von einem der Ordensbrüder kam der Vorschlag, den Abend mit ei-

nem kurzen Wortgottesdienst zu beschließen. Diese Idee fand bei den Jugendlichen überraschend viel Beifall. Spontan wurde dieser Gottesdienst vorbereitet. Einer der Brüder sang das Lied: „Das Weizenkorn muß sterben". Der Refrain wurde von allen gesungen. Ein Lied mit einer sehr schnell zu erlernenden Melodie. Gotteslob Nr. 620. Eine Schwester hatte ein Neues Testament dabei und las daraus

einen Abschnitt vor. Danach war minutenlanges Schweigen. Bei fast 120 Teilnehmern erstaunlich. Zum Schluß formulierte einer ein kurzes Gebet, und der Abend endete mit dem Segen des Priesters. Daß so etwas (wieder?) möglich war, lag sicher daran, daß einer einfach den Mut hatte, das zu tun.

# 7
## *„Kirche und Bundeswehr“ –*

### Einladung des Militärpfarrers in die Kaserne

*Methode:*

Besichtigung; Gespräch im Plenum

*Fachleute:*

Militärpfarrer; evtl. noch einige Soldaten

*Material:*

Nicht erforderlich; für die Anreise evtl. Bus bestellen – auch über die Bundeswehr möglich

*Wirkungsfeld eines Militärpfarrers*

Diesmal folgte der „Jugendtreff“ einer Einladung des Militärpfarrers. Im Mittelpunkt der Veranstaltung stand ein Bericht über die Arbeit und über die Aufgaben eines Pfarrers bei der Bundeswehr.

Um 19 Uhr hatten sich rund 80 junge Leute mit ihren Fahrzeugen am Kasernentor getroffen. Die Kaserne liegt außerhalb der Stadt, gehört aber noch zum Pfarrgebiet. Ein Oberleutnant übernahm zunächst die Aufgabe, die Jugendlichen über das Militärgelände zu führen und ihnen alles Wesentliche, vornehmlich die militärischen Fahrzeuge zu erklären. Von einigen Jugendlichen wurde unwillig gefragt, ob das zur Einladung beim Militärpfarrer gehört. Es zeigte sich aber bei dem späteren Gespräch, daß ein kurzer Einblick in den Wirkungsbereich eines Militärpfarrers von Nutzen ist.

*Diskussion mit dem Pfarrer*

Im Anschluß an diese Besichtigung gingen die Jugendlichen in das Domizil des Militärpfarrers, die Kapelle. Sie befindet sich auf dem Kasernengelände. Der Pfarrer erklärte die Notwendigkeit eines Seelsorgers bei der Bundeswehr: „Kirche muß überall da präsent sein, wo Menschen sind", und „Wenn es den Militärpfarrer nicht gäbe, müßte man ihn erfinden". Er wolle sich als Vertrauensperson sehen, zu dem alle, ob Rekruten oder Kommandeure, mit ihren Problemen kommen können. Schließlich erklärte der Pfarrer, daß er die Bundeswehr im Sinne ihres Verteidigungs- und Friedensauftrages durchaus für notwendig halte.

Darauf entspann sich eine lebhafte Diskussion über die Existenzberechtigung der Bundeswehr. Hier warfen die jungen Leute die Argumente auf, ob man z. B. das viele Geld, das in die Bundeswehr investiert würde, nicht besser verwenden könnte. Ein Junge: „Für das Geld, das ein ‚Marder' kostet, könnte man in unserer Stadt eine Drogenberatungsstelle einrichten, und statt eines zweiten Marders ein neues Jugendheim."

*Nicht nur einseitig informieren*

Sozusagen als Gegensatz zu diesem Jugendtreff und um die Sache von beiden Seiten zu betrachten, soll bei einem der nächsten Jugendtreffs ein Vertreter der Wehrdienstverweigerer eingeladen werden. Hauptamtliche Referenten für die Beratung von Wehrdientsverweigerern sind zum Beispiel in den Bischöflichen Jugendämtern zu erreichen.

Literatur, Informationen und wertvolle Tips für Soldaten und die Seelsorge an ihnen gibt es bei der „aktion kaserne", deren Trägerorganisationen mehrere Mitgliedsverbände des Bundes der Deutschen Katholischen Jugend (BDKJ) sind. Anschrift: „aktion kaserne", Arbeitsgemeinschaft für Wehrpflichtige, Postfach 320 520, 4000 Düsseldorf 30.

# 8
# „Kriegsdienstverweigerer – Helden oder Drückeberger?"

*Methode:*
Einleitendes Statement; Diskussion in Kleingruppen; Zusammenfassung im Plenum

*Fachleute:*

Möglichst hauptamtlicher Referent für die Beratung von Kriegsdienstverweigerern; evtl. noch einige Ersatzdienstleistende

*Material:*

Papierrollen (Tapete) und Filzstifte

*Ein(e) Fachmann(frau) muß her*

Auf großes Interesse nicht nur bei den Jungen stieß dieser Jugendtreff. Im Anschluß an den Besuch beim Militärpfar-

rer bei dem voraufgegangenen Jugendtreff stand dieser Abend nun unter der Frage: „Kriegsdienstverweigerer – Helden oder Drückeberger?“
Das Problem der Kriegsdienstverweigerung wirft politische, rechtliche, theologische und eine Reihe anderer Fragen auf. Das zeigte sich schon bei der Vorbereitung dieses Abends. Wer ist also in der Lage, all diese vielen Fragen wenigstens in groben Zügen zu beantworten? In jeder größeren Stadt gibt es sog. kirchliche Beistände für die Beratung von Kriegsdienstverweigerern. Auskunft bei den Stadt- und Kreisjugendämtern.
In jeder Diözese gibt es inzwischen dafür auch auf Bistumsebene eine Stelle. Meist sind sie den Bischöflichen Jugendämtern zugeordnet. Das Bistum Münster z.B. beschäftigt eine hauptamtliche Referentin für die Beratung von Kriegsdienstverweigerern und Wehrersatzdienstleistenden. Es war uns gelungen, diese Dame für unseren Informationsabend zu gewinnen.

*Zeichen der Hoffnung?*

Die Hauptfrage lautet: Wie kann verhindert werden, daß die jeweilige Regierung oder einflußreiche Gruppen die Masse des Volkes in einen Krieg oder in eine bewaffnete Auseinandersetzung hineinzwingen, durch die sie mit Sicherheit nur zu leiden und – vielleicht – nur zu verlieren hat? Wie kann man gegen mögliche Aggressionen von außen Sicherheitssysteme errichten, die nicht auf der gegenseitigen Abschreckung beruhen und nicht auf Drohung mit dem totalen Gegenschlag aufgebaut sind?
Für diese und ähnliche Fragen wurden zu Beginn des Abends Kleingruppen gebildet, die sich um eine Lösung der Probleme mühen sollten. Auf großer Tapete wurden dann im anschließenden Plenumsgespräch die „Ergebnisse“ mitgeteilt. Dabei zeigte sich, daß es keine perfekten Alternativen gibt, keine Rezepte. Die meisten aber waren

der Meinung, daß es gilt, die eigene Überzeugung zu demonstrieren – vielleicht auch als Zeichen der Hoffnung und des Willens, eine andere Welt aufbauen zu helfen. Literatur und Informationen zu diesem Thema gibt es bei der: Katholischen Arbeitsgemeinschaft für Kriegsdienstverweigerung und Zivildienst, Geschäftsstelle: 6370 Oberursel, Danziger Str. 4.

## *9*
## *Jugendtreff als „Biwakabend" mit Grillen im Freien*

*Methode:*

Locker, geselliges Beisammensein

*Fachleute:*

Keine; evtl. vorher Leute mit Gitarren u.a.m. für die Teilnahme ansprechen

*Material:*

Brennholz; Grillfleisch; Grillgeräte; Getränke

### *Biwak: Lagerfeuer – Gespräch – Musik*

Premiere beim Jugendtreff: Erstmals trafen sich die Jugendlichen nicht im Pfarrheim, sondern beim „Biwak" draußen in der Bauernschaft außerhalb der Stadt. Biwak – Lager von Truppen im Freien – so schreibt das Lexikon. Und in der Tat, eine Truppe war es schon, die der Einladung zum Biwakabend folgte. Über 100 Jugendliche hatten

sich dazu auf ihre Fahrräder geschwungen. An einem kleinen Fischteich wurden Frikadellen und Würstchen gegrillt. Vorher wurde der Eigentümer des Geländes natürlich um Erlaubnis gefragt. Ein großes Lagerfeuer wurde entzündet, an dem die Jugendlichen während dieses warmen Sommerabends noch lange zusammensaßen und – meist in kleinen Gruppen – Gespräche führten. Ab und zu erklang Gitarrenmusik.
Ein besonderes Problem stellte die „Anreise“ zum Lagerplatz dar. Wenn so viele Leute auf einmal durch die Stadt radeln, kann es leicht zu einem Chaos kommen. Wir machten darum folgenden Plan: Treffpunkt zu üblicher Zeit um 19.00 Uhr am Pfarrheim. Da vorher außer den Organisatoren niemand wußte, wo sich der Lagerplatz befindet, wurden die Jugendlichen gebeten, mehrere kleine Gruppen zu bilden. Jede Gruppe bekam die Kopie einer Landkarte mit eingezeichnetem Lagerplatz ausgehändigt. So ging das ganze Unternehmen ohne „nennenswerten“ Unfall ab. Zwei „Auffahrunfälle“ mit den Fahrrädern sind wohl als gewisse „Verlustquote“ einzukalkulieren. Einhellige Meinung der jungen Leute: „Gute Idee – so einen Jugendtreff müssen wir wiederholen.“

## *10*

## *„Im Dienste der Bürger“*

Besuch des Jugendtreffs bei der Feuerwehr

*Methode:*

Besichtigung, z. T. in Kleingruppen

*Fachleute:*

Leiter der Feuerwehr und mehrere Brandmeister

*Material:*
Nicht erforderlich

*Wichtig: Personal der Feuerwehr*

Daß man bei der Feuerwehr auch mal „in die Luft gehen" kann – und dies im wahrsten Sinne des Wortes –, stellten etwa 70 Jugendliche fest. Im Rahmen des Jugendtreffs hatte der Stadtbrandmeister zur Feuerwache eingeladen. Rechtzeitig wurde mit ihm ein Termin vereinbart. Wenn man frühzeitig plant, kann man es auch erreichen, daß sich mehrere Brandmeister für die Beantwortung der Fragen der Jugendlichen an einem solchen Abend bereithalten.

*Information „vor Ort"*

So teilten sich dann die Jugendlichen in drei kleinere Gruppen auf, die dann durch die verschiedenen Räume der Wache geführt wurden. Es wurde z. B. die Funktion der zentralen Leitstelle erläutert. Von dieser Schaltzentrale, wo die Notrufe eingehen und von wo alle Einsätze per Knopfdruck und Funk zentral gesteuert werden, bis zum Fahrzeugpark bekamen die Jugendlichen all das zu sehen, mit dem die meisten von ihnen bislang noch nie so „hautnah" in Berührung gekommen waren – zum Glück. In die Luft gehen konnten dann die Jugendlichen mit der modernen 30-m-Feuerleiter. In der angehängten Gondel schaute man sich die Stadt – vielleicht zum erstenmal – aus der Vogelperspektive an.

*Zum Abschluß: Gesprächsrunde*

Durchgefroren waren die jungen Leute nach diesem Ausflug in noch kältere Regionen der Atmosphäre wohl alle, und so stieß die Einladung des Stadtbrandmeisters in den großen Schulungsraum keineswegs auf Widerstand. Bei

Cola und Fanta wurde noch so manche Frage gestellt, die den Jugendlichen am Herzen lag. Die Palette der Fragen reichte bis zum Problem „Frau in der Feuerwehr?" Der lang anhaltende Applaus zeigte, daß auch dieser Jugendtreff gelungen war.
Einen weiteren Jugendtreff mit ganz praktischen Rettungsübungen haben wir dann später in einer Feuerwehrschule durchgeführt.

# *11*
# *Soziales Engagement des Jugendtreffs –*

## 30 Jugendliche helfen alleinstehender Bäuerin bei der Renovierung ihres Hofes

*Methode:*
Freiwilliger Arbeitseinsatz

*Fachleute:*
Leute „vom Bau" wie Maurer, Schreiner usw.

*Material:*
Hacke, Schüppe, Besen usw.

### *Bäuerin braucht Hilfe*

Es wird abgerissen, ausgebessert, umgegraben und bepflanzt. Eine freiwillige Arbeitsgruppe von 30 Jugendlichen rollte auf einem sanierungsbedürftigen Bauernhof an. Eine seit mehreren Jahren alleinstehende Frau bewirtschaftet dort mit ihren drei minderjährigen Kindern den Hof. Auf sich selbst gestellt, bewältigte sie kaum noch den

Betrieb. Die anfallenden Arbeiten wuchsen der Witwe schier über den Kopf hinaus. Eine baufällige Scheune mußte zum Beispiel dringend abgerissen werden. Aber woher die Arbeitskräfte nehmen? Die Bäuerin bezieht nur eine geringe Rente und war daher nicht in der Lage, viel zu bezahlen; und Arbeitskräfte aus dem handwerklichen Gewerbe sind bekanntlich nicht die billigsten.

### *Arbeitseinsatz in den Osterferien*

Aus ihrer Misere wußte die Frau sich jedoch herauszuhelfen. Sie erinnerte sich an den „Jugendtreff" und beschloß, dort einmal nachzufragen. Das Ergebnis war überraschend: Nachdem den Jugendlichen die Sachlage geschildert wurde, meldeten sich spontan fast 30 junge Leute, die bereit waren, einzuspringen. Sie wollten freiwillig und unentgeltlich in ein paar Ferientagen die schwere Arbeit auf dem Hof übernehmen.
Sie spuckten in die Hände und nahmen die Sache in Angriff. Unter der Leitung einiger *erwachsener* und erfahrener Mitarbeiter arbeiteten die freiwilligen Helfer an mehreren Nachmittagen. Es zeigte sich, daß es wichtig ist, bereits *vorher* schon einen genauen „Einsatzplan" für die vielen Helfer festzulegen, sonst besteht die Gefahr, daß zu viele Jugendliche herumstehen und nicht wissen, wo sie anpacken sollen. Auch sollte keine vorherige „Auswahl" der freiwilligen Helfer erfolgen – alle, die sich gemeldet haben, können kommen! Bestimmt gibt es da für jeden etwas zu tun.

### *Auch für die „Stimmung" muß gesorgt werden*

Für das leibliche Wohl ihrer „fleißigen Heinzelmännchen" sorgte dann die zufriedene Bauersfrau. Um neue Arbeitskräfte zu wecken, stärkten sich die Mädchen und Jungen mit Kaffee, Kuchen und Wurstbroten. Und am Abend des letzten Tages trafen sich die jugendlichen Helfer zum geselligen Teil. Eine Grillparty entlohnte der Tage Müh und Arbeit. Mühe und Arbeit hat es auch genug gekostet, aber das Werk kann sich sehen lassen. Bäuerin und Jugendliche waren gleichermaßen begeistert.

# *12*
# *„Jugend und Kirche" –*

## Ein Gesprächsabend

*Methode:*

Einleitendes Statement; Diskussion im Plenum

*Fachleute:*

Gemeindeseelsorger: z. B. Pastor, Kaplan, Pastoralreferent; Diskussionsteilnehmer, welche sich auf das Thema besonders vorbereiten

*Material:*

Papierrollen (Tapete) und Filzstifte zur Aufzeichnung der Diskussionsergebnisse

### *Jugend heute*

Die Tatsache, daß bei diesem Thema meist mit einem guten Besuch zu rechnen ist, beweist, daß dieses Problem „auf den Nägeln brennt". Gut, wenn sich der Gesprächsleiter und der Fachmann rechtzeitig einige Gedanken über den Ablauf des Abends machen. So kann man für diesen Abend drei Bereiche ansprechen:

Allgemeine Situation der Jugend heute;

Erwartungen der Jugendlichen an die heutige Kirchengemeinde;
Konsequenzen für die kirchliche Jugendarbeit.
Ferner ist es gut, schon ein paar Tage vorher einige Jugendliche zu bitten, sich mit dieser Problematik ernsthaft auseinanderzusetzen und sich gegebenenfalls besonders zu informieren. Das hat den Vorteil, daß nicht so sehr die Gefahr des endlosen Zerredens besteht, sondern auch aus dem Kreis der Jugendlichen selbst qualifizierte Äußerungen und Meinungen zu erwarten sind.

*Jugend und Erwachsene: Gegensätze?*

Der Gesprächsleiter eröffnet den Abend mit einer kurzen Darstellung der allgemeinen Situation der Jugendlichen heute. Es ist kaum zu übersehen, daß sich auch heute zwischen manchen Jugendlichen und Erwachsenen eine Kluft auftut, die von Unverständnis und gegenseitigem Sich-nicht-anerkennen-Wollen bestimmt ist. Den Erwachsenen begegnen die Jugendlichen in verschiedenen „Strukturformen“, in organisierten Gruppen, in offenen Klubs, in „Jugendtreffs“, Teestuben und Diskos oder auch als völlig „ungebunden“. Sie leben in ihrem Bereich und versuchen, ihren Bedürfnissen und Wünschen entsprechend ihr Leben zu gestalten. Eine echte Auseinandersetzung mit den Problemen findet nur selten statt. Man wundert sich über ihre neuartige Kleidung, ihre Musik, ihre Ausdrucksformen, ihre Ansichten. „Früher war das alles anders“, sagen manche Erwachsene. Zunehmende Verhärtung der Fronten auf beiden Seiten könnten die Folge sein.

*Jugend in der Gemeinde*

Ist das in der Kirche anders? Welchen Stellenwert haben die Jugend und die Arbeit an der Jugend in einer kirchlichen Gemeinde? Das sind die Fragen, die im zweiten Teil des Abends angeschnitten werden.

Gestatten,
... ich bin der Referent für Kirche und Jugend aus Rom ...

Man spricht heute oft davon, daß Jugendliche innerlich oder äußerlich aus der Kirche auswandern. Gründe dafür können in der Gemeinde, beim einzelnen Jugendlichen oder in seinem Bekanntenkreis liegen. Es muß aber gesagt werden, daß viele Jugendliche trotz des Unmuts über das Leben in einer Kirchengemeinde an ihr sehr interessiert sind, sie mitgestalten und dazu Vorstellungen entwickeln wollen. Auch heute wünschen sich Jugendliche wieder in verstärktem Maße Gemeinden, in denen Partnerschaft und Brüderlichkeit wirklich gelebt werden. Die meisten Jugendlichen erwarten von ihren Gemeinden Aufgeschlossenheit für Neues, Offenheit nach außen.

*Konsequenzen: Religiöses Gemeinschaftserlebnis –: Jugendmesse – „Frühschicht" – Nachtwallfahrt – Meditation*

Nach dieser Diskussion kann dann überlegt werden, wie denn nun das „religiöse Leben" der Jugendlichen in einer Gemeinde aussehen soll. Die grundsätzliche Bereitschaft, sich mit den Gegebenheiten des Glaubens auseinanderzusetzen, ist die erste Voraussetzung, um *Kirche* lebendig zu machen. Wo und wie kann gemeinsames religiöses Erleben in der Gemeinde erfahrbar werden?
An erster Stelle steht bei vielen der Wunsch nach besonders gestalteten *Jugendgottesdiensten*. Die jungen Leute wollen auch heute noch konkrete Anregungen für den Alltag vom Sonntagsgottesdienst mit nach Hause nehmen. Man kann auch außerhalb des Sonntagsgottesdienstes „religiöse Veranstaltungen" für Jugendliche anbieten. Beispiel die sogenannte *„Frühschicht"*, die in vielen Gemeinden zu einer gutbesuchten und beliebten Einrichtung in der Advents- und Fastenzeit geworden ist. *„Frühschicht der Jugend"* – Eine heilige Messe frühmorgens um 6.00 Uhr. Anschließend gemeinsames Kaffeetrinken im Pfarrheim.
Eine *Nachtwallfahrt* der Jugendlichen kann neue Impulse für den Alltag geben. Der Verlauf könnte etwa so aussehen:

22.00 Uhr kurzer Wortgottesdienst in der Kirche. Anschließend Aufbruch zu einer „Wallfahrtskirche" – schweigend. Auf halbem Weg werden kleine Gesprächsgruppen gebildet, die sich unter der Leitung eines „Moderators" zum Thema der Nachtwallfahrt unterhalten. Nach einem Weg von etwa 2–3 Stunden muß die Gruppe am Ziel angelangt sein. Um 1.00 Uhr wird dann eine Messe gefeiert. Gut ist es, wenn die Gruppe nach dem Gottesdienst noch eine Weile zusammenbleibt. Es kann dann noch eine kleine Stärkung – heiße Suppe – gereicht werden. Danach geht es den gleichen Weg wieder zu Fuß zurück. Fazit: Für alle Teilnehmer ein bleibendes Erlebnis.

Mit der Vorbereitung und Gestaltung von Nachtwallfahrten mit Jugendlichen hat das Bischöfliche Jugendamt in Essen umfangreiche Erfahrungen gemacht. Informationen können dort angefordert werden: Bischöfliches Jugendamt, Burgplatz 3, 4300 Essen.

Aber auch andere Formen des Gottesdienstes erfreuen sich bei den Jugendlichen inzwischen großer Beliebtheit: So kann in regelmäßigen Abständen in der Kirche eine *„Meditation"* stattfinden.

*„Komplet am Sonntagabend"* ist ein Gebetskreis überschrieben, der sich zum regelmäßigen Beten des kirchlichen Abendgebetes in einer Kapelle trifft. Dieser alte Brauch darf ruhig wieder erneuert werden.

# 13
## *„Der Winter treibt Knospen“ –*

Meditationsabend in der Kirche

*Methode:*
Schweigen – Schauen – Beten

*Fachleute:*
Gute Sprecher

*Material:*
Zweige mit Knospen; Meditationsmusik

*Wie meditieren?*

„Meditation“ ist in. Unter diesem Begriff verbirgt sich heute vieles. Alles, was zur Ruhe, zur Besinnung und zum Nachdenken einlädt, wird Meditation genannt. Wir verstehen unter Meditation tatsächlich eine Form der Ruhe und des Zu-sich-selber-Kommens. Meditationen sollen in die „Tiefenschichten der Seele“ dringen. Die Asiaten, von denen wir wahrscheinlich bezüglich der Meditation noch sehr viel lernen können, meditieren eigentlich keinen Gegenstand, sondern sie versuchen, die „reine Bewußtseinsleere“ zu erlangen. Wir aber können unser Inneres Gott und seiner Schöpfung auftun. So kann es eine Wort-Meditation, Bild-Meditation, Musik-Meditation, Meditation über einen Gegenstand usw. sein oder auch mehrere dieser Formen miteinander verbinden. Eine gute und brauchbare Hilfe zur Anleitung der Meditation bietet: Klemens Tilmann: Die Führung zur Meditation, Ein Werkbuch (Zürich, Einsiedeln, Köln ³1972), 352 Seiten.

*Meditation im Jugendtreff?*

Wir waren der Meinung, daß man eine Meditation auch mit einem – bisher in diesen Formen nicht eingeübten – größeren Kreis von Jugendlichen durchführen kann. Dafür eignet sich wahrscheinlich in den meisten Fällen am besten der Kirchenraum. So auch bei uns. Eingeladen wurde zur Meditation in die Kirche mit dem Hinweis, daß danach ein zwangloses Zusammensein im Pfarrheim vorgesehen ist. Es kamen immerhin etwa 70 Jugendliche. Das gab Hoffnung und Mut zum Weitermachen. Begonnen hatten wir an einem Abend mit einer „Dia-Meditation" aus dem Impuls-Studio: „Eine Mitte haben". In diesem Verlag sind eine ganze Reihe sehr brauchbarer Dia-Reihen für die Meditation erschienen. Sie sind auch preislich erschwinglich. Im guten Buchhandel kann man sich danach erkundigen.
Einen zweiten Abend gestalteten wir in einer etwas anderen Art auch anhand von Dias, aber mit Hilfe einer dazugehörigen Schallplatte. Im tvd-Verlag, Düsseldorf, ist eine Meditations-Schallplatte erschienen mit dem Titel: „Ufer zum Frieden" – 12 ausgewählte Dias aus der asiatischen Landschaft und Natur. Dazu eine Schallplatte mit Musik einer Bambusflöte. Es zeigte sich aber, daß eine solche Form der Meditation besser für einen kleinen Kreis geeignet ist, der schon etwas in die verschiedenen Formen des „Sich-Lassens", „Sich-Einlassens" eingeübt ist. Nach diesen Erfahrungen haben wir für einen kleineren Kreis einen weiteren Meditationsabend angeboten. Grundlage war die in der KLJB-Schallplattenreihe erschienene Meditationsplatte: „Zur Mitte finden". Im kleinen Kreis saßen wir auf dem Boden des Raumes. In der Mitte eine Kerze. In Stille folgten wir dem auf der Platte aufgezeichneten „geistigen Spaziergang". Die auf der Plattenhülle angegebenen praktischen Hinweise sollten beachtet werden. Anfragen oder Bestellungen können an die Landesstelle der Katholischen Landjugend-Bewegung, 8000 München 19, Kriemhilden-

straße 14, gestellt werden. Dort gibt es – auch in unserer Praxis bereits erprobte und für brauchbar befundene – Werkheftchen und Dia-Meditationen. Titel: „In Bildern uns wiederfinden".

*Wichtig: Gute Vorbereitung*

Ein guter „Erfolg" war aber der Meditationsabend zum Thema: „Der Winter treibt Knospen". Wieder wurden die Jugendlichen zunächst zur Kirche eingeladen mit dem Hinweis, daß danach ein Treff im Pfarrheim sei. An den Eingangstüren erhielt jeder Jugendliche einen Zweig mit kleinen Blütenknospen. Beim Eintritt in die Kirche ertönte bereits leise Musik. Das zwingt schon zu Beginn zur Ruhe. Man kann den Organisten der Kirche dazu bitten oder auch Schallplattenmusik laufen lassen. Wir haben es mit Schallplattenmusik gemacht. Geeignet war dazu Gheorghe Zamfir: Eté d'Amour, Philips 9120122. Besonders die drei ersten Stücke auf der Seite 2, Deguello, Pluie d'été und Sérénissime, eignen sich zum Einstieg. Sie haben alle einen beruhigenden Charakter. Nachdem alle Jugendlichen Platz genommen hatten, war zunächst einmal eine Zeit der absoluten Stille vorgesehen. Diese darf nicht zu lange sein. Mancher begann nach einer Zeit schon unruhig zu werden. Nach einigen einführenden Worten durch den Priester wurden die Jugendlichen gebeten, sich ihren Zweig einmal genau anzuschauen. Noch ein Moment der Stille. Danach las ein Sprecher den Meditationstext vor. Wichtig ist, daß er sehr langsam und mit viel Pausen vorgetragen werden muß.

*„Der Winter treibt Knospen" – Meditationstext*

„Hoffnung! Der Winter treibt Knospen. Der äußere Schein sagt zwar: Alles ist tot. Bäume und Sträucher stehen kahl da wie Totengerippe im Wind. Aber tot ist das nur für den,

der nicht sehen kann, für den oberflächlichen Beschauer. Wenn wir den Zweig in unserer Hand betrachten, entdekken wir Sonderbares. Mancher gerät ins Staunen: der Zweig trägt Knospen, sprossendes Leben. So geht es jedem aufmerksamen Beschauer. Überall Knospen – im Park, im Wald, auf den Feldern, an den Hecken und Büschen. Der Winter ist nicht Zeit toter Natur, sondern Zeit der Knospen, Zeit neu aufbrechenden jungen Lebens, prall von Verheißung und Hoffnung – obwohl alles so hoffnungslos aussieht, so tot.
Auch Kirche und Glaube haben heute Winter, hart, eisig, düster – ‚Gott ist tot – Kirche ist tot'. Doch auch das, was wie der Tod aussieht, ist neues Keimen und Knospen. Diese Zweige haben wir uns vom Feldrand geholt, im Winter. Neues Leben ausgerechnet da, wo man es am wenigsten erwartete. Ich habe mir auch Zweige abgeschnitten und ins Zimmer gestellt. Das gab eine große Enttäuschung. Am andern Tag schon fingen sie an zu verdorren. Sie waren von der Wurzel, vom Stamm, vom Leben abgeschnitten und getrennt – tot. So ist das auch bei uns. Von Christus, vom Leben abgeschnitten und getrennt – können wir nichts tun, sind wir tot. Aber nicht jeder einzelne Zweig sitzt für sich am lebenspendenden Stamm; Zweig wird von Zweig getragen, jeder Zweig empfängt vom anderen Zweig und bringt Leben dem anderen Zweig. Die Natur kennt kein isoliertes Sonderdasein, die Natur kennt nur Kooperation. Sie ist ihr Lebensgeheimnis.
Hoffnung wider alle Hoffnung geht über Menschenkraft. Wir brauchen aber auch Hoffnungszeichen, die das künftige schon sichtbar machen. Man kann es im Wald erleben, daß mitten im Schnee und in der Kälte immer schon einzelne Knospen aufbrechen und blühen. Zeichen der Hoffnung. Auch in der Kirche begegnen sie uns, die Hoffnungszeichen. Man muß freilich, um sehen zu können, die Scheuklappen der Resignation ablegen."

*Gebet nach der Meditation*

Herr. Es ist Winter. Winter der Kirche. Aber laß uns nicht frierend dasitzen und jammern über diese böse Zeit. Hilf, daß wir die Augen öffnen, die Zeichen der Hoffnung sehen. – Der Winter treibt Knospen. Der Winter ist prall von verborgenem Leben. Herr, laß uns glauben an deine lebenspendende Kraft. Herr, laß uns hoffen!

# *14*

# *„Disko auf dem Eis" –*

## Jugendtreff in der Eissporthalle

*Methode:*
Ausflug

*Fachleute:*
Keine

*Material:*
Schlittschuhe (können aber auch in der Eissporthalle ausgeliehen werden)

*Etwas Vorbereitung muß sein*

„Disko auf dem Eis" hieß das Motto dieses Jugendtreffs. Alle Jugendlichen, die sich auf einem voraufgegangenen Jugendtreff eine Wertmarke für Busfahrt, Eintritt und Schlittschuhausleihe gekauft hatten, versammelten sich gegen 19.00 Uhr auf dem Marktplatz und warteten auf die Ankunft der Busse, die eigens für diesen Abend angemietet worden waren.

*Ein Jugendtreff mit „Pfiff“*

Nach knapp 30minütiger Busfahrt erreichte man die Eissporthalle. Nachdem die ganze Prozedur der Ausleihe der Schlittschuhe überstanden war, konnte das zweistündige Vergnügen beginnen. Die meisten Eissporthallen sind dazu übergegangen, verschiedene Abende unter ein besonderes Motto zu stellen, etwa: „Disko auf dem Eis“ oder „Weekend-Disko“. So drehten denn auch an diesem Abend die Jugendlichen zu flotter Popmusik ihre Runden auf dem Eis. Daß viele – vor allem die mutigen Anfänger – auch mal horizontal übers Eis glitten, konnte die Freude und Begeisterung nicht mindern. Für die meisten viel zu früh war die Eisdisko schon um 22.00 Uhr zu Ende.

*Dinge, die zu beachten sind:*

Rechtzeitige Anmeldung einer größeren Gruppe bei der Eissporthalle und Aushandeln eines Sonderpreises; Bestellung des Omnibusses; bei sehr später Rückkehr vorher schriftliche Erlaubnis der Eltern der jüngeren Teilnehmer einholen.
Im Rückblick: ein Jugendtreff ohne großen Aufwand, der trotzdem viel Spaß bereitet.

# *15*
# *„Kurzfilm-Festival“*

*Methode:*

Film-Sichtveranstaltung; Filmgespräch in Kleingruppen; Zusammenfassung der Ergebnisse im Plenum

*Fachleute:*

Gesprächsleiter für die Filmaussprache-Gruppen

*Material:*
Filmprojektor; Leinwand; Kurzfilme

*Was gehört zur Vorbereitung?*

Ein solches „Kurzfilm-Festival" bedarf einer guten Vorbereitung. Nicht nur, daß die Filme schon lange vorher bei den entsprechenden Verleihstellen für den vorgesehenen Termin vorgemerkt werden müssen, sondern auch noch ein paar andere Punkte muß man kennen. So muß man etwas über die in Frage kommenden Filme wissen: die Dauer des Kurzfilms, einige technische Daten, den Inhalt und das Anliegen und evtl. den historischen Zusammenhang. Besteht die Möglichkeit, die Filme vorher anzusehen, ist das sicher das beste. Entsprechende Information kann man sich aber auch aus den Prospekten und Katalogen der Verleihstellen besorgen. Diese Prospekte kann man erhalten bei den Stadt- oder Kreisbildstellen oder bei den Landesfilmdiensten. Außerdem gibt es in den meisten deutschen Diözesen eigene Film-Verleihstellen.

*Warum Kurzfilme?*

Der Kurzfilm bietet – besonders auch im Hinblick auf ein anschließendes „Filmgespräch" – gegenüber dem längeren Spielfilm einige Vorteile.
Wie der Name schon aussagt, kann man aufgrund seiner Kürze an einem Abend gleich mehrere Filme vorführen und somit auch verschiedene Themenbereiche ansprechen. Dann bietet er konzentrierte Information. Ein besonderer Vorteil liegt darin, daß man ihn mehrmals ansehen bzw. einzelne Sequenzen wiederholen kann. Während kommerzielle Verleihstellen einen Betrag erheben, erfolgt die Ausleihe bei den oben genannten Stellen kostenlos. Wenn aber Kosten, dann richten sie sich in der Regel nach der Länge des Filmes.

*Vier brauchbare Filme*

Nachdem die Idee für das Kurzfilm-Festival stand, besorgten wir uns dann folgende Filme:

*Ein Platz an der Sonne* – 9 Minuten

Dieser Zeichentrickfilm, der die Geschichte von zwei Menschen erzählt, die sich um ein Stückchen Sonne streiten und dabei beide ihren „Platz an der Sonne“ verlieren, macht anschaulich deutlich, daß Mißgunst und Streit unter den Menschen zu nichts führen, Verträglichkeit und Rücksichtnahmen aber einen jeden zu seinem Recht kommen lassen könnten.

*Film „G“* – 3 Minuten

Die Beseitigung von häuslichem Abfall kann in der Großstadt zu Schwierigkeiten und zu einem interessanten Fall zwischenmenschlicher Beziehungen werden. In dieser Groteske zeigt sich ein junger Mann sehr erfinderisch, als er entdecken muß, daß Küchenabfälle nicht ohne weiteres loszuwerden sind. Er verpackt diese schließlich auf sehr „anziehende“ Art und läßt sie aus seinem Wagen stehlen.
Was hier komisch, ja possenhaft ist, wird möglicherweise zu einem sehr ernsthaften Problem. Abfallbeseitigung stellen die Industriegesellschaften vor enorme Schwierigkeiten. Dieser Film bietet gute Ansätze zum Gespräch darüber.

*Elegie* – Zeichentrickfilm, 4 Minuten

Ein kleines Fenster in einer großen Gefängnismauer. Dahinter ein Häftling. Vor dem Fenster eine Blume. Der Häftling pflegt sie, so gut er kann, beschützt sie, sehnt sich nach ihr und trauert, weil der Winter sie ihm genommen hat. Im Frühling ist sie wieder da. Das gleiche Spiel beginnt. Dann wird der Häftling entlassen. Draußen erfreut er sich der wiedergewonnenen Freiheit und zertritt dabei die Blume.

*Der Weg* – Zeichentrickfilm, 5 Minuten

Ein Mann, der seinen Weg geht, kommt plötzlich an eine Gabelung. Er kann sich nicht entschließen, nur auf einem der beiden Wege weiterzugehen. So entscheidet er sich für eine vermeintliche Ideallösung: Er teilt sich und geht auf beiden Wegen weiter. Später treffen die Wege wieder aufeinander und auch die beiden Hälften des Mannes. Aber sie passen nicht mehr zusammen.

*„Filmgespräch" – Worauf zu achten ist*

Diese vier Filme wurden zunächst in einer „Sichtveranstaltung" gemeinsam angesehen. Dann bildeten sich vier Gruppen, die über einen der Filme ein Gespräch führen sollten. Ein „Gesprächsleiter", der sich schon vorher mit dem Inhalt des Filmes auseinandergesetzt hatte, wurde jeder Gruppe mitgegeben.

Da zeigte sich, daß es eigentlich kein brauchbares Schema gibt, nach dem jede Filmaussprache erfolgen kann. Für ein Filmgespräch ist wichtig: Wie wurde der Film von den Teilnehmern aufgenommen? Darum ist es unerläßlich, daß der Gesprächsleiter mit der Gruppe zusammen den Film ansehen muß – auch wenn er ihn von früherer Gelegenheit schon kennen sollte. Er kann registrieren, an welchen Stellen die Teilnehmer Bemerkungen machen, wann sie z. B. lachen usw. Besonders bei Problemfilmen kann man erfahren, wie weit die Problematik überhaupt verstanden wurde. Die Kunst der guten Aussprache liegt darum eigentlich – von seiten des Gesprächsleiters – in der Kunst der Einfühlung in die Situation während der Filmvorführung.

Nach etwa dreiviertel Stunden des Gesprächs in den Kleingruppen kamen alle Jugendlichen wieder im Saal zusam-

men. Dort wurden die „Ergebnisse“ der Gespräche zusammengetragen. Da vorher alle Teilnehmer alle Filme sahen, war das Interesse an diesem gegenseitigen Austausch sehr wohl vorhanden.
Literatur: Berresheim, Heinrich, und Hoersch, Herbert: Der Kurzfilm – eine pädagogische Chance; J. P. Bachem Verlag, Köln 1970, Taschenbuch, 106 Seiten.

## *16*
## *„Handwerk hat goldenen Boden?!“*

---

### Information und Gespräch mit mehreren Handwerksmeistern

*Methode:*

Statement der Gäste; Gespräch in Kleingruppen; Zusammenfassung der Ergebnisse im Plenum

*Fachleute:*

Mehrere Handwerksmeister

*Material:*

Nicht erforderlich; evtl. Informationsmaterial über die einzelnen Handwerksberufe

*Etwas „Hintergrundinformation“*

Auf einem voraufgegangenen Treff wurde von den Jugendlichen gewünscht, einmal etwas über „Berufe“ zu erfahren. Dieser Wunsch war verständlich, da er in einer Zeit geäu-

UND WAS MACHEN SIE SO....
arbeiten

ßert wurde, als viele Jugendliche vor der Entscheidung für einen Beruf standen.
Und mancher möchte dann mit einem Schlag am Ziel seiner Wünsche sein. Aber das gibt es bekanntlich nur im Märchen. Eltern, Lehrer, Verwandte und Bekannte können dies bestätigen: Viele Berufstätige haben die Arbeit, die ihnen liegt, die ihnen Sicherheit gibt und ihnen Spaß macht, meist nicht auf Anhieb, sondern erst später gefunden oder übernommen. Man sagt oft, Berufswahl sei eine einmalige Entscheidung für das ganze Arbeitsleben. Das ist nicht richtig; denn der Weg zu einem „aussichtsreichen" Beruf führt oft über Jahre hinweg immer wieder zu neuen Stationen, die Entscheidungen und neue Weichenstellungen erfordern.
Nach einer Statistik der Bundesanstalt für Arbeit haben 1981 etwa 400 000 Jungen und Mädchen mit Hauptschulabschluß die Schule verlassen; etwa 325 000 Jugendliche haben den Realschulabschluß und etwa 225 000 das Abitur erreicht. Sie alle standen an der ersten Stufe: der Entscheidung über die Art des Ausbildungsweges.

*Eingeladen: Leute aus der Praxis*

Viele Jugendliche beginnen ihren Ausbildungsweg erst einmal mit einem „soliden handwerklichen Beruf". Handwerk hat ja bekanntlich goldenen Boden. Ob das immer noch stimmt, welche Chancen der einzelne hat und welche Voraussetzungen erforderlich sind – diesen Fragen sollte in einem der Jugendtreffs nachgegangen werden.
Damit die Diskussionen an einem solchen Abend nicht ins uferlose gehen, haben wir die Informationen zunächst nur auf den handwerklichen Bereich beschränkt. Nun galt es also, die entsprechenden „Informanten" zu gewinnen. Vertreter des Arbeitsamtes einzuladen, hielten die meisten für zu wenig praxisbezogen. Also mußten die Leute vom Fach her. So machten wir uns denn auf die Suche nach geeigne-

ten Mitarbeitern. Dabei galt der Grundsatz, daß es nur Leute sein sollten, die bereits Erfahrung mit der Anleitung von Auszubildenden haben. Es zeigte sich, daß die Angesprochenen sehr bereitwillig und ohne lange Umschweife für die Mitarbeit gewonnen werden konnten. So hatten dann für den Abend zugesagt: eine Schneidermeisterin, eine Kunstgewerbemeisterin, ein Bäckermeister, ein Schreinermeister, ein Installateur, ein Maler und ein Kraftfahrzeugmeister. Damit hatten wir einen guten „Querschnitt" durch alle handwerklichen Berufe.

*Und so war der Abend:*

Wie bei allen voraufgegangenen Abenden waren wir auf das Gelingen des Jugendtreffs sehr gespannt. Wenn zur Information über handwerkliche Berufe eingeladen wird, dann scheint es, daß zunächst nur eine bestimmte Gruppe angesprochen ist: diejenigen, die evtl. einen solchen Beruf ergreifen wollen. Es zeigte sich aber bald, daß auch andere Interessenten gekommen waren – auch einige Abiturienten waren dabei. Da wurde dann aber im späteren Gespräch deutlich, daß manche Abiturienten erst einmal einen handwerklichen Beruf – z.B. Schreiner – erlernen wollen, um dann evtl. später mit einem entsprechenden Studium darauf aufzubauen.
Zur Eröffnung und Einleitung wurden vom Gesprächsleiter zunächst einige Informationen gegeben. Dann versuchten die Fachleute in einem groben Überblick ihre Arbeit darzustellen. Hier konnten sie auch schon für alle wichtige Informationen aus ihrem Fach geben.
Nach dieser „Vorstellung" wurden dann kleine Gruppen gebildet, und die Jugendlichen konnten sich um „ihren" Meister scharen.
Einige der Meister hatten Informationsmaterial mitgebracht. Nach dreiviertel Stunden intensiven Gesprächs kamen die Gruppen wieder im Saal zusammen.

Von jeder Gruppe berichtete ein Teilnehmer in kurzen Sätzen, wie das Gespräch verlaufen ist. So hatte jeder die Gelegenheit, noch einmal „nachzuhaken“, wenn ihm etwas unklar geblieben ist.
Ein interessanter Abend. Die Teilnehmerzahl war zwar etwas niedriger als bei manchen anderen Jugendtreffs, aber für diejenigen, die da waren, eine brauchbare Sache.

# *17*
# *„Holländischer Käseabend“*

*Methode:*

Locker, geselliges Beisammensein

*Fachleute:*

„Holland-Experten“

*Material:*

Verschiedene Schnittkäse-Sorten; Milch; Raumdekoration; evtl. Hollandfilm

## *Wir machen auch eine „Party“*

Es war wieder einmal an der Zeit, einen Jugendtreff zu organisieren, bei dem der gesellige Rahmen nicht zu kurz kommt. Einige erinnerten sich der Gestaltung ihrer häuslichen Partys. Da wird auch immer für das „leibliche“ Wohl gesorgt. Meist geschieht das mit kleinen Brotschnittchen und Käsestücken. Wie wär's also, den *Käse* einfach mal in den „Mittelpunkt des Abends“ zu stellen?
Bekannt für seine gute Käseproduktion ist unser Nachbar-

land Holland. So nannten wir dann den Abend kurzerhand „Holländischer Käseabend".

*Verlauf des Abends: „Geselligkeit" und „Bildung"*

Aber nicht nur der Käse allein sollte diesen Abend bestimmen. So stand dieser Jugendtreff ganz im Zeichen der Niederlande.
Eröffnet wurde das ganze mit der holländischen Nationalhymne „Wilheminus von Nassouwe" – mittels Schallplatte natürlich. Es gibt solche Platten mit Sammlungen von Nationalhymnen, z. B.: „Nationalhymnen", Stereo fontana spezial 701 536 WPY, mit Hymnen aus 26 Ländern.
Der Raum war ausgeschmückt mit Fahnen und Wimpeln in den niederländischen Nationalfarben Rot-Weiß-Blau. Ein Mitglied der Gemeinde – der holländischen Sprache mächtig – begrüßte die Jugendlichen und wünschte ihnen für den Abend echt „niederländische Gemütlichkeit".
Zur kühlen Milch wurden von Meisjes in Trachtenkleidung leckere Käsehappen serviert. Wer wollte, konnte sich in einem Nebenraum den Film: „... und die See war nicht mehr" ansehen. In diesem 25 Minuten dauernden Film werden das Dasein der holländischen Fischer und die Schönheiten der niederländischen Landschaft in vielen bunten Farben gezeigt. Erhältlich ist dieser Film – kostenlos – bei den Stadt- und Kreisbildstellen und bei den Medienzentralen.
Ausklang und Höhepunkt des Abends war die Darbietung einer Holzschuh-Tanzgruppe. Das muß natürlich rechtzeitig und lange vorher eingeübt werden.

*Noch ein paar Tips*

Ein solcher Abend erfordert wieder etwas mehr Vorbereitung. Für den Einkauf von Käse und Milch in größeren Mengen ist es gut, vorher bei einer Molkerei anzufragen. Es

gibt Käse in Brotform. Das ist gut so, denn dann kann man beim Treff für jeden leicht eine „Scheibe davon abschneiden".
Statt der üblichen Cola und Fanta – Alkohol wird im Jugendtreff übrigens grundsätzlich nicht ausgeschenkt – gab es an diesem Abend einen Becher Milch. Die Wimpel kann man sich aus einem Dekorationsgeschäft besorgen.
Hat man an diese „äußeren" Dinge bei der Vorbereitung gedacht, so steht dem Gelingen eines solchen Abends eigentlich nichts mehr im Wege.

# *18*
# *„Große Bücher-, Platten-, Marken-Börse"*

Die einmalige Gelegenheit, Bücher, Schallplatten und Briefmarken zu tauschen.

*Methode:*

Locker, geselliges Beisammensein; „Tauschgeschäft"

*Fachleute:*

Evtl. Experten für Schallplatten, Briefmarken und Bücher einladen

*Material:*

Mehrere Schallplattengeräte; Lupen und Pinzetten für Briefmarken

### *Die Idee der Tausch-Börse*

Sammelleidenschaft ist eine Besonderheit, die bei vielen jungen Leuten zu beobachten ist. Angefangen von Briefmarken über Bierdeckel und Streichholzschachteln bis hin zu ausgedienten Fahrrädern gibt es wohl kaum etwas, das nicht irgendwo und irgendwie gesammelt wird. Aufgrund dieser Tatsache entstand die Idee, im Jugendtreff eine Tausch-Börse einzurichten. Zunächst sollte aber ein wenig ermittelt werden, wer denn was in der jeweiligen Gemeinde am meisten sammelt. Wir haben das allerdings in ganz einfacher Form getan: Die Vorbereitungsgruppe wurde beauftragt, sich in der Schule oder am Arbeitsplatz einmal danach zu erkundigen. Die „Ergebnisse" wurden dann in einem Gespräch zusammengetragen. Wie nicht anders zu erwarten, standen an erster Stelle der „systematischen Sammler" die Briefmarkenfreunde. Münzensammler gab es – entgegen unserer ursprünglichen Annahme – erstaunlich wenige. So einigten wir uns denn auf drei Artikel, für die zum Tausch eingeladen werden sollte: Bücher, Schallplatten und Briefmarken.

### *Aufs Mitmachen der Jugendlichen kommt es an*

Für die Verantwortlichen war dieser Abend ein richtiges Experiment. War man doch ausschließlich auf das Wohlwollen der teilnehmenden Jugendlichen angewiesen, damit auch ein solcher Abend gelingen konnte. Wichtig ist noch, einige Hilfsmittel zur Verfügung zu haben. So standen zwei Plattenspieler für die Überprüfung der zu tauschenden Schallplatten bereit. Einige Lupen und Pinzetten für die Philatelisten müssen in greifbarer Nähe liegen. Um 19.00 Uhr war der übliche Beginn des Jugendtreffs. Neben den vielen Jugendlichen, die nur mal so reinschauen wollten, waren auch schon etliche junge Leute mit Einkaufstaschen und Plastikbeuteln zu sehen. Was sollten diese anderes enthalten als das Tauschmaterial? Zunächst lief das ganze Unternehmen sehr schleppend an. Niemand traute sich so recht, einfach mal auf den anderen zuzugehen und ihn zu

fragen, was er denn nun mitgebracht habe und zu tauschen beabsichtige. Erst als dann einer der Jugendlichen seine „Kollektion“ von Schallplatten auf einem der Tische aufbaute, kam ein wenig Leben in die Versammlung, und die anderen Jungen und Mädchen taten es ihm nach. Bald war ein munteres Treiben im Gange. Es ist gut, wenn einer der Leiter etwas die Übersicht behält und auch den einen oder anderen ein bißchen anspornt, aktiv zu werden.
Im nachhinein betrachtet: ein Abend, der zur Nachahmung empfohlen werden kann. Außerdem kann er bei Wiederholung gut abgewandelt werden.

# *19*

## *„... die am Rande stehen?!“*

### Jugendtreff zum Thema: Behinderte Kinder und Jugendliche

*Methode:*

Statement der Gäste; Kurzfilm aus einer Heilstätte; Gespräch in Kleingruppen; Zusammenfassung der Ergebnisse im Plenum

*Fachleute:*

Lehrer, Erzieher und Sozialarbeiter aus der Behindertenarbeit; ehrenamtliche Mitarbeiter

*Material:*

Filmprojektor; Leinwand; Papierrollen (Tapete) und Filzstifte zum Festhalten der Ergebnisse

*Behinderte Kinder und Jugendliche – unsere Partner?*

Nach einer Meinungsumfrage – veranlaßt von der Forschungsgemeinschaft für das behinderte Kind – wissen 91 Prozent aller Bundesbürger nicht, wie sie sich einem Behinderten gegenüber verhalten sollen. Die Umwelt faßt Behinderte nicht selten als Bedrohung auf.
Mit dem Aussehen fängt es an. Schüler mit Sommersprossen oder schielenden Augen – von Verwachsungen ganz zu schweigen – können ein (Klage-)Liedchen davon singen, wieweit ihre Mitschüler Besonderheiten des Aussehens mit charakterlichen Mißbildungen identifizieren. Die Schwere einer Behinderung ist dabei oft weniger ausschlaggebend als die optische Auffälligkeit.
Es gibt Forschungsberichte, nach denen die Gegenwart von Amputierten den Nichtamputierten eine Beeinträchtigung der körperlichen Unversehrtheit bedeutet. Aus Elterngesprächen erfährt man, daß Männer sich scheiden lassen wollen, da sie niemals ein körper- oder geistig behindertes Kind gezeugt haben können. Sie empfinden behinderte Kinder als ein In-Frage-Stellen ihrer Potenz, als Angriff auf ihre Männlichkeit. Die Meinungen, die zum Thema Behinderter vorgetragen werden, sind teilweise sehr radikal.
Auf der anderen Seite aber gibt es inzwischen genug Stimmen, die zu einer vorurteilsfreien Auseinandersetzung mit diesem Problem aufrufen. Nicht zu vergessen die zahlreichen Helfer, die die Belastungen in den Familien mit einem behinderten Kind zu ertragen und zu mindern versuchen. Hier und da gibt es schon eine regelrechte „Nachbarschaftshilfe".

*Auftrag christlicher Gemeinden*

Forscher haben einmal die Stellung des Behinderten in seiner Umwelt als „Aussätzigensyndrom", als das Krankheitsbild des Aussätzigen also, bezeichnet. Ihnen zufolge ist die

am stärksten abgelehnte Gruppe der Benachteiligten die Reihe der Geisteskranken, Gelähmten, Aussätzigen, Tauben und Blinden. Behinderungen also, die den Kontakt mit der Umwelt stören, aber auch Behinderungen, die bereits geschichtlich belastet sind.
Die Blinden, Lahmen, Aussätzigen, auch die Besessenen sind vom Neuen Testament her bestimmt als Leute, die in der Isolation leben. Ihr Los heißt Leiden, Angewiesensein auf die Brotkrumen, die vom Tisch der Reichen fallen. Sie sind die Unberührbaren, die draußen vor den Stadttoren ihren Platz haben, wo sie, Almosen heischend, den Vorübergehenden ihre Bettelhände entgegenstrecken. Sie haben ihr gottgewirktes Schicksal duldsam zu ertragen – und ein göttliches Eingreifen mag Heilung erwirken.
Jesus von Nazaret hat dieses Tabu durchbrochen und ist bis heute die motivierende Kraft für viele, sich den Problemen der Behinderten zu stellen.

*Planung des Jugendtreffs im „Arbeitskreis Behinderte“*

Seit einigen Monaten trifft sich ein Arbeitskreis „Eltern mit behinderten Kindern“ in der Katholischen Familienbildungsstätte unserer Stadt. Dort wird gemeinsam überlegt, wie die oft belastenden Situationen besser überstanden werden können. Das Hauptanliegen dieses Kreises soll sein, die Eltern aus der Isolation zu befreien bzw. einer Isolation vorzubeugen. Außerdem soll nicht nur von den Problemen gesprochen werden, es sollen auch gemeinsame Freizeitaktivitäten geplant und veranstaltet werden.
In diesem Kreis wurde festgestellt, daß eine breite Information auch der nicht direkt Betroffenen über die Probleme Behinderter vonnöten ist. Erst dann könne man auch auf die Unterstützung durch andere Jugendliche und Erwachsene hoffen. So entstand hier auch der Plan, einmal einen Jugendtreff unter dieses Thema zu stellen.

## *„... die am Rande stehen?!" – Ein Jugendtreff*

Montagabend, 19.00 Uhr: Jugendtreff „... die am Rande stehen?! – Behinderte Kinder und Jugendliche – unsere Partner?", so wurde dieser Abend überschrieben. Etwa 60 Jugendliche fanden sich zu diesem Jugendtreff ein. Die Intention des Abends war einerseits zu informieren. Andererseits war geplant, nach diesem Abend einen kleinen Kreis interessierter Jugendlicher zu bilden, der evtl. mit dem Kreis der Familienbildungsstätte zusammenarbeitet.
Der Einladung des Vorbereitungsteams folgten dann auch ein Sonderschullehrer aus der Kinderheilstätte für geistig Behinderte in Nordkirchen, eine Sozialarbeiterin der Beratungsstelle für Behinderte des Kreisgesundheitsamtes und ein Jurist aus Münster. Eingeladen wurde auch eine Pfadfindergruppe aus Paderborn. Diese jungen Leute haben inzwischen eine Menge Erfahrung in der Zusammenarbeit mit gesunden und behinderten Jugendlichen. Aus der Pfadfinderbewegung ist sogar ein eigener Kreis behinderter und nichtbehinderter Jugendlicher entstanden: PTA = „Pfadfinder trotz allem".
Zunächst stellte sich jeder der Gäste den Jugendlichen vor und berichtete in knappen Worten über seine Aufgaben und Tätigkeiten. Danach wurde ein Film gezeigt. Zum 10jährigen Bestehen der Heilstätte in Nordkirchen wurde der Film von den Lehrern und Betreuern selbst gedreht. Es zeigte sich, daß es gut ist, jungen Leuten, die bisher noch nie mit der Problematik Behinderter direkt in Berührung gekommen sind, mittels eines Films oder auch einer Diaserie einen groben Überblick zu verschaffen. Schon sofort im Anschluß an die Vorführung wurden die Fachleute von den Fragen der Jugendlichen „bedrängt". Um aber intensiver miteinander sprechen zu können, zog man sich dann in Kleingruppen zurück.
Fragen hatten die Jugendlichen eine ganze Menge. Die Gespräche verliefen an diesem Abend ungewöhnlich „inten-

siv" – so daß sie mit Ablauf der geplanten Zeit regelrecht abgebrochen werden mußten. Gegen Ende des Jugendtreffs fanden sich dann noch einmal alle im Saal des Pfarrheimes zusammen.
„Wie soll es nun weitergehen?" – das war die große Frage. Einige waren der Meinung, behinderte Jugendliche in Zukunft regelmäßig mit zum Jugendtreff zu bringen. Die Fachleute rieten aber von einer solchen Form mehr oder weniger ab. Die Erfahrung zeigt, daß so eine Sache über eine lange Zeit nur sehr schwer durchzutragen sei. Besser sei die Bildung einer Gruppe, die sich für verschiedene Aktionen sporadisch zur Verfügung stelle. So wurde dann einfach ein Termin angesetzt, an welchem sich diejenigen treffen sollten, die in diesem Sinne weiterarbeiten wollen.

*Erster Versuch: ein Wortgottesdienst*

Etwa 15 junge Leute trafen sich dann bei der späteren Zusammenkunft. Was tun? Man war schon der Meinung, sich dem bestehenden Kreis in der Familienbildungsstätte anzuschließen. So kann man die verschiedenen Aktivitäten besser koordinieren. Einen bescheidenen Anfang wollte man mit einem Wortgottesdienst mit den behinderten Kindern und deren Eltern versuchen.
Für die Durchführung wählte man die Kapelle des Krankenhauses. Das hat den Vorteil, daß man mit den Rollstühlen per Aufzug bis vor die Kapellentür fahren kann. Ein Krankenhaus scheint auf den ersten Blick für diesen Zweck ideal zu sein. Unvorhergesehene Schwierigkeiten tauchten aber auf, z.B., daß eine Mutter Bedenken äußerte, ihren Jungen ins Krankenhaus zu bringen, da er durch die medizinische Behandlung dort ziemlich unangenehme Erfahrungen hat.
Trotzdem: Für diesen ersten Versuch wollte man bei diesem Ort bleiben. So traf sich denn eine kleine Schar am Freitagnachmittag in offensichtlich erwartungsvoller Stim-

mung. Dank der hilfreichen Aufmerksamkeit der Schwestern und des Pfortenpersonals des Krankenhauses fühlten sich wohl alle gleich wie liebe Gäste angenommen. Alle versammelten sich in der geschmückten Kapelle. Thema des Wortgottesdienstes: „Wunderbare Brotvermehrung" (Mk 6,35-44). Ein großer Korb auf dem Altar erweckte gleich zu Beginn die Aufmerksamkeit. Gefüllt war er mit frischen Rosinenbrötchen. So konnte schon bei der Eröffnung der Bezug zum Thema ganz praktisch verdeutlicht werden. Eine Schwester las die Geschichte von der wunderbaren Brotvermehrung vor. Die Kinder hörten aufmerksam zu. Es sollte deutlich werden, daß der Mensch nicht nur Brot und Geld braucht, sondern mehr: Freude! So wie Jesus damals den Menschen Brot gebracht hat, so sollten auch wir heute den Menschen bringen: Freude, Mut, Trost, Hilfe. Auch und wohl gerade der Behinderte bedarf dieser „kleinen Alltäglichkeiten".
Freude bereitete den Kindern sicher auch das Austeilen der Brötchen zum Schluß des Gottesdienstes. Nach einem Segensgebet wurden sie allen Anwesenden als Zeichen der Freude und des Miteinanders ausgeteilt.

Hier der Verlauf des Gottesdienstes:

Begrüßung und Eröffnung

P.: Heute haben wir uns hier in dieser Kapelle versammelt, um gemeinsam zu beten, zu singen und einander Freude zu machen. Womit fängt man denn einen solchen Gottesdienst an?
(wahrscheinliche Antwort: Kreuzzeichen) – Aber davor, da ist noch etwas? Dann wissen alle Leute: Jetzt fängt es an (Glocke). Wer möchte denn nun nach vorne gehen und an dem Glockenseil ziehen? (Ein oder mehrere Kinder dürfen nun die Sakristeiglocke läuten.) Nun wissen wir alle: Jetzt fängt es an. Darum machen wir jetzt auch alle das Kreuzzeichen: Im Namen des Vaters …

Lied: „Du hast uns, Herr, gerufen“ (Gotteslob Nr. 505).

L.: „Wir sind jetzt deine Gäste und danken dir“ – so haben wir gerade alle gesungen. Ja, wir sind jetzt Gäste von Jesus. Wer weiß etwas von Jesus? (erzählen lassen)
Laßt uns jetzt alle gemeinsam zu Jesus beten:
Guter Jesus, wir sind zusammengekommen, um dein Wort zu hören./ Du bist uns ganz nah./ Wir bitten dich:/ Bleib alle Tage bei uns./ Wir freuen uns, wenn du uns hilfst./ Amen.

P.: Vorn auf dem Altar steht etwas Feines. Wer weiß, was ich meine? (Korb mit Rosinenbrötchen). In der Geschichte von Jesus, die ich jetzt vorlese, gibt Jesus den Leuten, die Hunger hatten, auch solche Brötchen.
Evangelium von der Brotvermehrung (Mk 6,35-44)
Gespräch: Bei Jesus bekommt jeder, was er braucht. Wir Menschen brauchen nicht nur Brot und Geld. Was brauchen die Menschen sonst noch? (Friede, Freundschaft, Freude!) So wie Jesus damals Brot den Menschen gebracht hat, so sollen auch wir heute den Menschen bringen: Freude, Mut, Trost, Hilfe. Wichtig ist: auf Jesus zu vertrauen.

Fürbitten:
Jesus, du willst uns Freude schenken.
Darum rufen wir zu dir:
– Laß uns einsehen, daß wir uns selbst nur richtig freuen können, wenn wir bereit sind, auch anderen Freude zu schenken.
– Hilf uns, nicht nur das Schlechte, sondern vor allem auch das Gute an uns und unseren Mitmenschen zu sehen und uns daran zu freuen.
– Zeige uns, wie wir uns über die kleinen Dinge des Lebens freuen können.
Lieber Jesus. Die Freude ist ein Kennzeichen für alle, die zu dir gehören. Hilf uns, daß wir uns öfter freuen können. Amen.

Segnung des Brotes:
P.: Der Name des Herrn sei gepriesen.
A.: Von nun an bis in Ewigkeit.
P.: Unsere Hilfe ist im Namen des Herrn.
A.: Der Himmel und Erde erschaffen hat.
P.: Lasset uns beten: Gepriesen bist du, Herr, unser Gott, Schöpfer der Welt. Du schenkst uns das Brot, die Frucht der Erde und der menschlichen Arbeit.
Segne dieses Brot und gib in deiner Güte allen Menschen, was sie zum Leben brauchen. Darum bitten wir dich, durch Jesus Christus, unsern Herrn.
Austeilen der Brötchen
Schlußsegen
Schlußlied: „Hilf, Herr meines Lebens" (Gotteslob Nr. 622)

*Information und Wissen – statt Vorurteil und Verallgemeinerung*

Wichtig ist, die Kinder und auch die Eltern und Geschwister aus ihrer Isolation herauszuholen. Jeder ist da zum Dienst aufgerufen. Er kann ja schon da beginnen, wo wir meinungsbildend tätig werden – in den Gemeinden und nach außen hin. Genau das waren die Fragen dieses Jugendtreffs: Wo können in der Umgebung Vorurteile und Verallgemeinerungen gemindert und durch Tatsachen und Wissen ersetzt werden? Vielleicht im Gespräch in den Familien, am Arbeitsplatz, im Freundeskreis, in der Nachbarschaft. Dazu gehört aber ein Minimum an aufgeklärtem Wissen.
Einen kleinen Beitrag dazu kann solch ein Jugendtreff durchaus leisten. Informationen hierzu und auch für die Vorbereitung eines solchen Jugendtreffs erhält man bei den Beratungsstellen der Caritas und der Gesundheitsämter.

# 20
# „Milch-Mix-Fete“

*Methode:*
Locker, geselliges Beisammensein

*Fachleute:*
Keine

*Material:*
Milch und die Zutaten für die Zubereitung; Werbefilm der Molkerei

## *Von der Milch bis zum Joghurt*

Zu Fest und Feier gehört Alkohol! – Stimmt das wirklich? Das Vorbereitungsteam für den Jugendtreff war da anderer Meinung. Ist es schon sowieso üblich, daß im Jugendtreff grundsätzlich kein Alkohol ausgeschenkt wird – und die Jugendlichen kommen doch (!) – , so wollte man einmal Cola und Fanta durch andere Getränke ersetzen. Es erging also eine Einladung zur „Milch-Mix-Fete“. Der Erfolg war überraschend: Über 80 Jugendliche machten sich an diesem Abend über Milchmixgetränke, Kakao, Joghurt und eine alkoholfreie Bowle her. Es fehlte nicht an Appetit und guter Laune. Der Vorteil einer solchen Fete: Die Kommunikation klappt wohl eindeutig besser als bei „Alkohol-Feiern“. Ein gelungener Abend, denn das Ziel, einfach mal wieder mit dem anderen ins Gespräch zu kommen, war sicher erreicht.
Besonders viel Aufwand ist für einen solchen Abend nicht notwendig. Es gibt einfache Rezepte zur Bereitung der Getränke. Wenn man sich rechtzeitig mit einer Molkerei in Verbindung setzt, bekommt man die entsprechenden Zuta-

Milch-
Mix-
Party
ist
Spitze

ten dort sicher günstig. Größere Molkereien haben zudem einen Werbefilm in ihrem Besitz. Als kleine Auflockerung kann der Film im Laufe des Abends vorgeführt werden. Wenn dann noch ein Fachmann entsprechende Erklärungen abgeben kann, wird das ganze um so interessanter.

### *Das richtige Rezept*

Für die Vorbereitung einer Milch-Fete ist es gut, einige einfache Rezepte für die Herstellung verschiedener Getränke zu kennen. Wird ein entsprechend großer Kreis erwartet, bedarf es ja einer schnellen Zubereitung. Darum hier einige Tips:

### *Milch mit Fruchtsaft*

Zutaten: 1 l Milch, 1/8 l Fruchtsaft, einige Tropfen Zitronensaft, 40 g Zucker.
Zuerst Fruchtsaft einfüllen, darauf die Milch. Im Mixbecher (Shaker) alles so lange schütteln, bis die Milch leicht geflockt ist. Statt Fruchtsaft kann auch Gemüsesaft Verwendung finden, der dann auf dieselbe Art daruntergeschüttelt wird.

### *Radfahrer-Kraftstoff*

Zutaten: 1/2 l Milch, 2-3 Eßlöffel kaltlöslicher Kakao (gezuckert), 2 Apfelsinen, Zitronensaft, Zucker.
Kalte Milch mit Kakao und Saft der Apfelsinen im Mixgerät kräftig durchrühren, absieben und mit Zitronensaft und Zuckerlösung (Zucker und Wasser zu gleichen Teilen vorher aufgekocht und abgekühlt) abschmecken.
Auch portionsweise im Mixbecher herzustellen.

### *Pflaumentrunk*

Zutaten: 1/4 l Pflaumensaft, 1/2 l Milch, Saft einer Apfelsine, 1 Teelöffel Honig.

Im Mixgerät mit dem Elektroquirl oder einem Schneebesen schlagen und servieren. Den Pflaumensaft von Selbsteingemachtem oder aus einem gekauften Glas entnehmen. Der Kompott kann so serviert werden. Ein Teelöffel Honig gibt dem ganzen einen besonderen Pfiff.

### *Mokkamilch*

Zutaten: 3 Löffel starker Mokka, 1/4 l süße Sahne, 1/4 l Milch, 40 g Puderzucker, etwas Vanille.
Zuerst einen starken Mokka kochen, mit Sahne und Milch mischen, zuletzt den gesiebten Puderzucker und etwas Vanille dazutun. In kleinen Gläsern reichen.

### *Autofahrer-Bowle*

1 l Apfelsaft, 1/2 l Mineralwasser, 1 kl. Dose Fruchtcocktail, Zucker.
Für alle, die an diesem Abend wirklich keine Milch mögen, genannte Zutaten vermischen und in Gläsern servieren – Schmeckt!
Alle Rezepte sind für etwa 2 bis 4 Personen gedacht. Diese Mengen müssen also der entsprechenden Personenzahl angepaßt werden.

# *21*
# *„Gewalt ist Schitt" –*

## Gespräch mit Polizisten zum Thema: Gewaltkriminalität

*Methode:*

Diskussion im Plenum

*Fachleute:*

Leiter der Schutz- und Kriminalpolizei; Gesprächsleiter

*Material:*

Werbe- und Informationsmaterial der Polizei vorher anfordern

### *Kontakt zur Ortspolizei*

Bei der Vorbereitung dieses Abends wurde versucht, Kontakt mit der Leitung der örtlichen Polizei aufzunehmen. Während sich die sog. Schutzpolizei sehr interessiert zeigte und spontan der Einladung folgte, war man bei der Kriminalpolizei wesentlich reservierter und zurückhaltender. Außerdem zeigte sich, daß guter Wille allein nicht ausreicht, sondern auch die Gesetze der Bürokratie und Verwaltung beachtet werden müssen. So konnte der Leiter der Ortspolizei erst seine Zusage erteilen, nachdem der „Oberkreisdirektor als oberste Kreispolizeibehörde" nach einigem Schriftwechsel seine Genehmigung erteilte.

### *Wichtig: Richtiger Diskussionseinstieg*

So erschienen am Abend der Leiter der Schutzpolizei mit einem Oberkommissar. Etwa 100 Jugendliche waren anwesend. Die Beamten zeigten sich angesichts des für sie unerwartet großen Interesses sehr überrascht. So war denn auch der Diskussionseinstieg etwas unglücklich: „Dann wollen wir das mal in Form eines Unterrichtsgespräches machen…“ Und einen Unterricht wollen die Jugendlichen bei ihrem Treff nun keineswegs. Es zeigte sich, daß eine bessere Information der Beamten über die Ziele und Struktur des Jugendtreffs notwendig gewesen wäre.

*Jährliche Schwerpunktarbeit der Polizei*

Die Gewaltkriminalität sei der diesjährige Schwerpunkt der Polizei und ein wichtiger Bereich, für dessen Behebung etwas getan werden müsse. Zur Gewaltkriminalität zählten einmal Raub und räuberische Erpressung sowie die verschiedenen Arten von Körperverletzung – von der leichten und schweren bis zur gefährlichen reicht die Palette. Diese Straftaten hätten sich in den letzten drei Jahren verzwölffacht. Vor allem bei Jugendlichen sei ein rapides Anwachsen festzustellen.
Ein Grund für die Entwicklung sei in der heutigen Überfluß- und Wegwerfgesellschaft zu suchen. Das Materielle werde auf das Menschliche übertragen. Von den Jugendlichen wurde darauf hingewiesen, daß es auch Gewalttätigkeiten von Polizeibeamten gebe, etwa bei Demonstrationen. Die Polizisten meinten dazu, „schwarze Schafe“ gebe es überall, aber grundsätzlich greife ein Polizist nie zuerst an. Das Disziplinargesetz sehe im übrigen harte Strafen für Übergriffe von Beamten vor.

*Als Erinnerung: Umhängeketten und Aufkleber*

Im Anschluß an dieses Gespräch wurden Aufkleber und „Rasierklingen“ zum Umhängen mit der Aufschrift: „Gewalt ist Schitt“ verteilt. Ein Motto, das sich alle Jugendlichen zu Herze nehmen sollten.
Solche „Werbematerialien“ sind bei den Stadt- oder Kreispolizeibehörden erhältlich.

# 22
## *„Arabischer Teeabend"*

*Methode:*
Locker, geselliges Beisammensein

*Fachleute:*
„Orient-Experten"

*Material:*
Verschiedene Sorten Tee mit den Zubereitungs-Rezepten; Möglichkeit der Zubereitung schaffen; Raumdekoration erforderlich

### *Geburt einer Idee*

Wieder einmal saß die Vorbereitungsgruppe beim Kaplan und zerbrach sich die Köpfe über die Gestaltung des nächsten Jugendtreffs.
„Abwarten und Tee trinken" – war der wohlgemeinte Rat eines Teilnehmers. Und schon war das Motto für den nächsten Abend gefunden: „Arabischer Teeabend".
In einer Teestube wurden verschiedene Sorten Tee besorgt. In diesen Fachgeschäften kann man sich gut beraten lassen. Brauner und weißer Kandiszucker darf nicht vergessen werden. Auch einige süße Gebäckspezialitäten mußten besorgt werden.

### *Wichtig: Gute Vorbereitung*

An diesem Abend war der Raum mit Kerzenlicht erleuchtet. Wir benutzten kleine Teelichter, die wir in alte Einmachgläser stellten und im Raum verteilten.
Die Wände tapezierten wir mit arabischen Zeitungen. Diese sind in jedem größeren Bahnhofskiosk erhältlich.

In vielen Familien ist ein sog. arabisches Sitzkissen vorhanden. Diese wurden für den Abend ausgeliehen. Wer kein Kissen hatte, nahm auf den ausgelegten Decken Platz.
Während des Abends wurden von arabisch gekleideten Jungen (Fes, Kaftan) und Mädchen (Schleier) die verschiedenen Teesorten angeboten.
Als musikalische Untermalung diente Schallplattenmusik, z. B.: „Music of Arabia" (Arabic vocal SRLP 8083) oder „Musique classique Algérienne" (Club du Disque Arabe 72503)
Ein Teilnehmer stellte einige Dias seiner Urlaubsreise nach Marokko zur Verfügung. Diese vorher ausgewählten Bilder wurden an die Wand projiziert. Sie wurden nicht kommentiert und blieben jeweils einige Minuten stehen.
Ein gelungener Abend. Urteil der Jugendlichen: „Man konnte mal wieder so richtig schön ‚klönen'".

## *23*

## *„Der Bürgermeister lädt ins Rathaus ein"*

### Information – Gespräch – Kritik

*Methode:*

Gespräch im Plenum

*Fachleute:*

Der Bürgermeister der Stadt; evtl. weitere Kommunalpolitiker; Gesprächsleiter

*Material:*

Nicht erforderlich

*Frühzeitige Terminabsprache*

Eine Einladung ins Rathaus dürfte für viele Jugendliche eine interessante Sache sein. Frühzeitig wurde mit dem Bürgermeister der Stadt ein Termin vereinbart. Er war bereit, den Jugendlichen in Sachen Kommunalpolitik und anderer Themen Rede und Antwort zu stehen. Im nachhinein zeigte sich aber, daß es gut ist, auch die Vorbereitung und Durchführung eines solchen Treffens genau zu planen. Das gilt vor allem für die richtige Ankündigung – Presse, Plakate usw. – dieser Veranstaltung. Andernfalls kann solch ein Jugendtreff zu einem ausgesprochenen „Politikum" werden. So auch in unserem Fall.

*Gefahr: Der Besuch wird zum Politikum*

In der Pressemitteilung hieß es: „Der erste Jugendtreff nach den Ferien findet am kommenden Montag statt. Diesmal steht eine Einladung durch den Bürgermeister auf dem Programm. Alle Jugendlichen sind ins Rathaus eingeladen. Im Sitzungssaal will sich der Bürgermeister den Fragen der Jugendlichen stellen. Auch ist hier für die jungen Leute eine gute Gelegenheit gegeben, ihre positive und negative Kritik zu den Problemen unserer Stadt anzubringen ..."
Diese Einladung rief dann auch die politischen Gegner des Bürgermeisters auf das „Programm des Abends".
Wahrscheinlich war es auch nicht besonders glücklich, daß dieser Besuch des Jugendtreffs im Rathaus etwa sechs Wochen vor den Kommunalwahlen stattfand.
So trafen sich denn an dem Abend rund 150 Jugendliche aus der ganzen Stadt, um der Einladung des Bürgermeisters zu folgen. Darunter auch viele Mitglieder und Anhänger einer anderen Partei als die des Bürgermeisters.
Der Bürgermeister empfing die Jugendlichen auf dem Rathausvorplatz und erkannte unter seinen Gästen bereits einige seiner politischen „Gegner". Der Bürgermeister: „Vor Monaten hatten die bereits in einer Ratssitzung ihre Transpa-

rente geschwenkt." Die Mitglieder dieser politischen Jugendgruppe – darunter auch Interessenten aus den Nachbarregionen mit dem Tonband unter dem Arm – nahmen dann aber trotzdem im Ratssaal Platz. Der Bürgermeister forderte sie auf, den Saal zu verlassen, und ließ dann, da erfolglos, schließlich durch den Hausmeister die Polizei rufen. Daraufhin verließen dann die „unerwünschten Gäste" den Saal. Sicher, beim Verbleib dieser Gäste wäre die Veranstaltung „umfunktioniert" worden. Es hätte dann weniger eine Information als ein Abklatsch von sattsam bekannten politischen Parolen gegeben. Diese Erfahrung zeigt aber zumindest zwei Dinge: Eine Einladung ins Rathaus muß präzise für einen bestimmten Interessentenkreis ausgesprochen werden. Zum zweiten ist es gut, eine solche Veranstaltung nicht gerade in politisch unruhigen Zeiten durchzuführen; es sei denn, man beabsichtigt eine ausgesprochen politische Information, die mit dem Besuch im Rathaus aber nicht beabsichtigt war. In einem solchen Fall sollte man sich dann aber direkt an die politischen Parteien der Stadt wenden.

## *24*
## *„Französischer Waffelabend"*

*Methode:*

Locker, geselliges Beisammensein

*Fachleute:*

„Frankreich-Experten"; Künstler wie Maler, Musikanten, Scherenschneider u. a.

*Material:*

Mehrere Waffeleisen; zubereiteter Waffelteig mit den nötigen Zugaben; Material zur Raumdekoration

*Wie wird's gemacht?*

„Gaumenfreuden und Ohrenschmaus gab es beim ‚Französischen Waffelabend' im ‚Jugendtreff' von St. Bartholomäus" – so schrieb die Tagespresse. Und die Stimmung war großartig.
Zu Schallplattenmusik aus dem Nachbarland wurden von vielen fleißigen Händen schmackhafte Waffeln „auf französisch" gebacken. Sechs bis acht Waffeleisen genügen, um etwa 80 Jugendliche „am laufenden Band" mit Waffeln zu versorgen. Je nach Geschmack mit Puderzucker oder verschiedene Sorten Marmelade gesüßt, fanden die knusprigen braunen Waffeln reißenden Absatz. Und das ist gut so. Waffeln darf man nicht im Stapel auftragen – sonst sind sie eben nicht mehr knusprig. Rezepte gibt es bei Müttern (und Vätern).

*Was kostet es?*

Die Verantwortlichen für den „Jugendtreff" sind bemüht, die finanzielle Beteiligung der Jugendlichen so gering wie möglich zu halten. So wird ja auch niemals ein „Eintrittsgeld" genommen. Getränke – grundsätzlich nur Limonade und Cola, kein Alkohol – werden zum Selbstkostenpreis verkauft. An diesem Abend kosteten die Waffeln pro Stück 20 Pfennig.

*Künstler vom Montmartre*

Eine phantasievolle Ausgestaltung des Raumes ist – ebenso wie beim „Arabischen Teeabend" oder „Holländischen Käseabend" – zur Prägung einer guten Atmosphäre sehr hilfreich. So haben wir die Wände mit Bildern französischer Maler dekoriert. Der Clou des Abends war allerdings der „Künstler vom Montmartre". Eine Ecke des kleinen Saales war für ihn reserviert, damit er Kostproben seines künstlerischen Schaffens zeigen konnte: Wer wollte, konnte sich von ihm porträtieren lassen. Solche „Künstler“ gibt es in jedem Leistungskurs Kunst der oberen Schulklassen. Man muß sie nur rechtzeitig ansprechen.

## 25
## *Zu Gast im Jugendtreff: Ein Fußballstar*

*Methode:*
Gespräch im Plenum

*Fachleute:*

Ein Fußballstar und evtl. sein „Manager“; Gesprächsleiter

*Material:*
Nicht erforderlich

*Wie kommt man an bestimmte Leute?*

Einfach mal die Adresse ausfindig machen, hinfahren und fragen. So kam auch der Kontakt mit dem ehemaligen Kapitän der Fußball-Nationalmannschaft, Bernhard Dietz, zustande. Er sagte bei dem spontanen Besuch des Vorbereitungsteams sein Kommen zu. Allerdings wurde dann das Treffen mit Bernhard Dietz dreimal abgesagt. Immer wieder kam etwas dazwischen. Mit diesen Schwierigkeiten muß wohl bei der Einladung eines Stars von vornherein gerechnet werden. Dann endlich war es soweit. Bernhard Dietz kam. Über 100 Jugendliche überfielen den Star-Kikker mit Fragen. Natürlich waren an diesem Abend auffallend viele jüngere Teilnehmer anwesend.

Vielleicht muß es nicht der Kapitän der Nationalmannschaft selbst sein. Aber mal einen Profi-Fußballer einzuladen ist allemal interessant. Abgesehen davon, daß „Fußball“ immer noch zieht, ist es geradezu spannend, auch mal etwas „Privates“ von den Spitzensportlern zu erfahren.

*Ohne große Vorbereitung: Frage- und Antwortspiel*

Frage eines besonders neugierigen Jugendlichen: „Was verdienen Sie als Profi und Star?“ – Bernhard Dietz: „Mehr als in meinem ursprünglich erlernten Beruf als Schmied.“ Zu einem recht munteren Frage- und Antwortspiel wurde dieser Abend. Dicht gedrängt saßen die Jugendlichen auf Bänken und auf dem Fußboden – nicht nur Fußballfans, die begierig alles „fressen“, was ihnen ein Idol vorsetzt, sondern auch sehr kritische junge Menschen, die mit bohrenden Fragen nicht nur die Oberfläche des Berufssports ritzten. Die meisten Fragen zeugten sicher von hohem Sachverstand in Fußballfragen. Positiv: Wenn sich Dietz auch nicht die Höhe seiner Bezüge entlocken ließ, so blieb er darüber hinaus doch fast keine Antwort schuldig, auch wenn die Fragen kritisch wurden.
„Und was machen Sie privat – was sind Ihre Hobbys?“ Nun, sei Fußball auch ein „hartes Brot“, so komme doch auch das Privatleben zu seinem Recht. Er sei ein häuslicher Typ, widme sich mit Vorliebe seiner Familie und als „Hobby“ seinem Garten. Darüber hinaus ist er noch Mitglied im Pfarrgemeinderat seiner Kirchengemeinde. Ab und zu vertausche er auch gerne den Fußballplatz mit der Tanzfläche.
Ob bei der Gartenarbeit oder beim Diskotheken-Besuch – das T-Shirt mit dem Aufdruck „Katholische Pfarrjugend St. Bartholomäus“, das dem prominenten Gast zum Abschied überreicht wurde, wird ihm sicher zum sonnengebräunten Gesicht stehen.
Ein Jugendtreff zur Nachahmung empfohlen.

# 26
# *„Warum denn am Sonntag in die Kirche?"*

*Methode:*
Einleitendes Statement; Gespräch in Kleingruppen; Zusammenfassung der Ergebnisse im Plenum

*Fachleute:*
4 bis 6 möglichst auch in ihrer Freizeit engagierte Gäste aus den unterschiedlichsten Berufen und Tätigkeiten als „Ansprech- und Diskussionspartner"; keine Vorbereitung nötig

*Material:*
Tageslichtschreiber

## *Zur Diskussion: Ein „heißes Eisen"*

Als der Kreis der Verantwortlichen für den Jugendtreff auf die Idee kam, wieder mal ein „religiöses Thema" zu behandeln, sollte es unbedingt etwas Aktuelles sein. So wurde einfach einmal die Frage in den Raum gestellt, warum man denn überhaupt am Sonntag in die Kirche gehen soll. Die Tatsache, daß man hier wirklich ein – innerkirchliches – „heißes Eisen" angefaßt hatte, bewies die überraschend große Teilnehmerzahl. Etwa 60 Jugendliche fanden sich im Keller des Pfarrheimes ein. Als „Ansprech- bzw. Diskussionspartner" wurden einige Gäste eingeladen, die in sehr verschiedenen Bereichen tätig sind: ein Religionslehrer, ein Sportwart, die Pfarrsekretärin und eine Hausfrau und Mutter. Bei einer kurzen Vorstellung der Gäste zeigte sich, daß alle vier noch über ihre beruflichen Pflichten hinaus recht engagiert sind.

*Verpflichtung zum Besuch der Sonntagsmesse?*

In einem einleitenden Statement erklärte der Kaplan, daß für die Christen der Sonntag der Tag des Gedächtnisses des Todes und der Auferstehung Christi ist. Von daher wurde er auch „Tag des Herrn“ genannt. Die Feier des Sonntags sei für den Christen der zentrale Ausdruck seiner Gottesverehrung. Im Beschluß der Synode heißt es: „Die Meßfeier ist die vornehmste Aufgabe der Kirche und jeder ihrer Gemeinden“. So heißt es im Heft Nr. 16 der Synodenbeschlüsse mit dem Titel: „Gottesdienst“. Dieses Heft – kostenlos zu beziehen bei den Bischöflichen Ordinariaten – ist übrigens eine gute Grundlage für die Vorbereitung dieses Abends.
Wenn die Meßfeier aber tatsächlich diesen Rang einnimmt, dann müsse man wohl fragen, ob nicht auch der sonntägliche Meßbesuch zur *Grundverpflichtung* der Gemeinden gehöre. Gibt es darum also so etwas wie eine Verpflichtung zum Besuch der Sonntagsmesse, die nicht unbedingt in den Kirchengeboten begründet ist?

*Messe ist „langweilig“! – Muß das sein?*

In Kleingruppen wurde dann über diese und weitere Fragen zum Teil recht heftig diskutiert. So stellte eine Gruppe zunächst einmal Pro und Contra gegenüber. Als unangenehm werde immer wieder ein gewisser Druck empfunden. Der Besuch des Sonntagsgottesdienstes müsse freiwillig sein und daher auch „Spaß“ machen. Oft werde der „Stil“ der Sonntagsmesse als langweilig bezeichnet: „Es ist immer wieder dasselbe.“
Demgegenüber formulierte eine Teilnehmerin, daß Sonntagsgottesdienst zunächst eine Einladung durch Gott bedeute: „Gott ruft uns.“ Diese Einladung ergehe jeden Sonntag neu. Und was die Lust zur Teilnahme bedeute, verglich der Sportwart mit der Verpflichtung zum Training. Wenn man einem Sportverein angehöre, könne man auch

nicht nur dann zum Training gehen, wenn die nötige Lust vorhanden sei. Recht heftig kritisiert wurde von einigen Teilnehmern die Art und Weise mancher Predigten. Sie sollten öfter und viel häufiger einen Aktualitäts- und Gegenwartsbezug aufweisen. Auch wäre es gut, die Gemeinde selbst mehr zu „aktivieren". Auf den Einwand, daß das ja bei einer großen Zahl von Menschen nur sehr schwer möglich sei, konnten die Verfechter dieser Meinung leider auch keine konkreten Vorschläge machen. Überhaupt – so sagte es einer der jungen Leute – hätte es bei ihm eine Zeit gegeben, da er von Jugendmesse zu Jugendmesse in den verschiedenen Kirchen der Stadt gewandert sei. Auf die Dauer habe ihm das aber auch keinen „Spaß" mehr gemacht und er gehe jetzt ganz gerne wieder in eine „normale" Sonntagsmesse.

*Gottesdienst und Suche nach Gemeinschaft*

Als wichtiges Argument für den Besuch der Sonntagsmesse wurde die Suche nach Gemeinschaft genannt. Wenn sich eine christliche Gemeinde zur Feier des Gottesdienstes trifft, dann sollte etwas von Gemeinsamkeit zu spüren sein. Für viele junge Leute sei eben auch ausschlaggebend, daß man vor und nach dem Gottesdienst Freunde und Bekannte trifft, mit denen man unter Umständen auch den weiteren Sonntag planen kann. Einer der Jugendlichen formulierte treffend: „Da kann ich mir dann sogar noch aussuchen, mit wem und womit ich den oft langweiligen Sonntag verbringen kann."
Ein interessanter Abend, der wieder einmal bewiesen hat, daß auch Jugendliche dem regelmäßigen Besuch eines Sonntagsgottesdienstes keineswegs abgeneigt sind. Für alle Verantwortlichen, Eltern und Erwachsenen war es ein Grund mehr zum Nachdenken.

## 27
# „Ich kenne keinen Ausweg mehr" –

## Ein Gesprächsabend zum Thema Telefonseelsorge

*Methode:*
Gespräch im Plenum

*Fachleute:*
Leiter bzw. Mitarbeiter einer Telefonseelsorgestelle

*Material:*
Nicht erforderlich

### *Vom Zuhören, der Verschwiegenheit und Anonymität*

„Richtig zuhören können ist das wichtigste!" Das war das Fazit eines Gesprächsabend über die Aufgabe der Telefonseelsorge. Die Einrichtung der Telefonseelsorge, die von evangelischen und katholischen Christen getragen wird, bietet bei Tag und Nacht allen Ratsuchenden die Möglichkeit, befähigte und verschwiegene Gesprächspartner zu finden. Gut ist es, wenn es einer der Mitarbeiter versteht, den jungen Leuten die Aufgaben und den Arbeitsbereich der Telefonseelsorge nahezubringen. Die meisten ratsuchenden Anrufer sind etwa 15 bis 45 Jahre alt. Das Angebot besteht im Zuhören und im Klären, im Ermutigen und Mittragen, in Hinführung zu eigener Entscheidung und im Hinweis auf geeignete Fachleute. Bei den meisten Telefonseelsorgestellen kann das Gespräch nicht nur am Telefon, sondern auch wenn es nötig ist, mit einem der hauptamtlichen Mitarbeiter unmittelbar persönlich geführt werden.

### *Ein Beitrag zum sozialen Verhalten*

Bei unserem Gesprächsabend fand der Leiter der Telefonseelsorge, ein Diplom-Theologe und Psychologe, aufmerksame Zuhörer, als er einige konkrete Fälle – natürlich ohne Namensnennung – aus seiner Praxis schilderte. Bei den jungen Leuten stehen dabei die Partnerschaftsprobleme an erster Stelle. Es komme zum Beispiel gar nicht so selten vor, daß ein Jugendlicher anrufe, der sich in jemanden verliebt hat, aber nicht weiß, wie er den Kontakt zu ihm bekommen kann. Die Jugendlichen quittierten diesen Fall zunächst mit schallendem Gelächter. Genau das – so der Psychologe – sei die übliche Reaktion. Vielleicht haben die Anrufer längst die Erfahrung gemacht, daß sie von ihrer Umgebung deshalb ausgelacht werden. Deshalb sei jeder dazu aufgerufen, die Nöte und Probleme des anderen grundsätzlich ernst zu nehmen. So kann ein solcher Abend durchaus ein Beitrag zur Bewußtseinsbildung sozialen Verhaltens sein.

*Telefonseelsorgestellen:*

Alle Telefonseelsorgestellen der Bundesrepublik Deutschland erhalten bis zum Jahresende 1982 eine einheitliche Rufnummer. Dabei sind die evangelischen Einrichtungen unter der Nummer 11101 und die katholischen Einrichtungen unter der Nummer 111 02 zu erreichen. Ökumenische Einrichtungen erhalten beide Nummern. Nachfolgend die Telefonseelsorgestellen in der Bundesrepublik mit Angabe der Vorwahl-Nummer und dem Hinweis ob ev., kath. oder ökumenisch.

| | | |
|---|---|---|
| Aachen | 0241 | kath. |
| Augsburg | 0821 | ök. |
| Bamberg | 0951 | ök. |
| Bayreuth | 0921 | ev. |
| Berlin | 030 | ök. |
| Bielefeld | 0521 | ök. |
| Bochum | 0234 | ök. |
| Bonn | 0228 | ök. |
| Braunschweig | 0531 | ev. |
| Bremen | 0421 | ev. |
| Darmstadt | 06151 | ök. |
| Dortmund | 0231 | ök. |
| Dormagen | 02106 | ök. |

| | | |
|---|---|---|
| Düren | 02421 | kath. |
| Düsseldorf | 0211 | ev. |
| Duisburg | 0203 | ök. |
| Erlangen | 09131 | kath. |
| Essen | 0201 | ev. und kath. |
| Frankfurt | 0611 | ev. und kath. |
| Freiburg | 0761 | ök. |
| Fulda | 0661 | ev. |
| Gießen-Marburg-Wetzlar | | |
| Gießen | 0641 | ök. |
| Marburg | 06421 | ök. |
| Wetzlar | 06441 | ök. |
| Göttingen | 0551 | ök. |
| Hagen | 02331 | ök. |
| Hamburg | 040 | ev. |
| Hamm/Ahlen | 02381 | ök. |
| Hannover | 0511 | ev. |
| Heidelberg | 06221 | ök. |
| Heilbronn | 07131 | ök. |
| Herford | 05221 | ev. |
| Kaiserslautern | 0631 | ök. |
| Karlsruhe | 0721 | ök. |
| Kassel | 0561 | ev. |
| Kiel | 0431 | ev. |
| Koblenz | 0261 | ök. |
| Köln | 0221 | ev. und kath. |
| Krefeld | 02151 | ök. |
| Bad Kreuznach | 0671 | ök. |
| Lübeck | 0451 | ev. |
| Lübbecke | 05741 | ev. |
| Mainz-Wiesbaden | 06131 | ök. |
| Mannheim-Ludwigshafen | 0621 | ök. |
| Marburg | 06421 | ev. |
| Minden | 0571 | ev. |
| Mönchen-Gladbach | 02161 | ök. |
| München | 089 | ev. und kath. |
| Münster | 0251 | ök. |
| Bad Neuenahr/Ahrweiler | 02641 | ök. |
| Neuß | 02101 | ök. |
| Nürnberg | 0911 | ev. |
| Oldenburg | 0441 | ev. |
| Ortenaukreis | 0781 | ök. |
| Osnabrück | 0541 | ev. |

| | | |
|---|---|---|
| Passau | 0851 | kath. |
| Pforzheim | 07231 | ök. |
| Recklinghausen | 02361 | ök. |
| Regensburg | 0941 | ök. |
| Rheydt | 02166 | ök. |
| Saarbrücken | 0681 | ök. |
| Siegen | 0271 | ök. |
| Solingen | 02122 | ev. |
| Soltau | 05192 | ev. |
| Stuttgart | 0711 | ev. und kath. |
| Trier | 0651 | kath. |
| Neckar-Alb | | |
| Tübingen | 07071 | ök. |
| Reutlingen | 07121 | ök. |
| Ulm/Neu-Ulm | 0731 | ök. |
| Viersen | 02162 | ök. |
| Wolfsburg | 05361 | ev. |
| Würzburg | 0931 | ök. |
| Wuppertal | 0202 | ök. |

Geschäftsstellen der Dachverbände:
Evangelische Konferenz für Telefonseelsorge 0711/2159-1

Katholische Arbeitsgemeinschaft Telefonseelsorge und Offene Tür 02151/11102

# 28

# *Thema des Jugendtreffs: „Jugendtreff" – Erwartungen – Planungen – Mitarbeit*

*Methode:*

Gespräch im Plenum

*Fachleute:*

Evtl. Gäste mit Erfahrungen aus anderen Gemeinden

*Material:*

Papierrollen (Tapete) und Filzstifte

*Rückblick und Planung*

Hat der Jugendtreff in einer Gemeinde erst einmal eine gewisse Zeit regelmäßig stattgefunden, ist es gut, den Treff an einem Abend selbst zum Thema zu machen.
Etwa nach einem Jahr hatten wir einen solchen Abend eingeplant, um über die bisherigen Veranstaltungen zu sprechen, Kritik zu üben, Änderungsvorschläge einzubringen und ein Programm für die nächste Zeit aufzustellen.
Kritik wurde eigentlich wenig laut. Das bisherige Angebot schien den jungen Leuten zu gefallen. Erfreulich stimmte vor allem die Tatsache, daß nicht nur bei den herkömmlichen „erholsamen" Veranstaltungen, wie z. B. einer Disko-Fete, der Andrang so groß war, daß der relativ kleine Raum kaum ausreichte, sondern und vor allem auch bei Diskussionen, Informationsgesprächen und anderen „anspruchsvolleren" Themen.

*Themen-Vorschläge für weitere Jugendtreffs*

Vorschläge für die Zukunft kamen dann auch eine ganze Reihe: z. B. eine „Disko-Diskussion". Hier möchte man den Ursachen für das immer mehr um sich greifende „Disko-Fieber" nachgehen. Weiter je ein Gesprächsabend über „Ehe und Familie", „Religion", „Angst" und ein „Politischer Spätschoppen" mit den Kommunalpolitikern.
Dann sind einige Besuche vorgesehen, z. B. bei der Zeche, auf der Polizeistation. Der Vorschlag, ein Kraftwerk zu besichtigen und zu einer Zeitungsdruckerei zu fahren, konnte inzwischen schon verwirklicht werden. Auch der Besuch eines Mini-Golf-Platzes und das Schwimmen in einem Sole-Hallenbad unter dem Motto „Baden wie im Toten Meer" brachte eine Menge Begeisterung.
Wichtig ist, daß man sich bei den betreffenden Stellen bereits langfristig vorher anmeldet. Optimal ist immer eine Besuchergruppe von höchstens 40 bis 60 Teilnehmern. Schließlich ist noch vorgesehen, einen Abend mit den El-

tern zusammen zum Thema „Generationenkonflikt" durchzuführen.

*„Heißer Tip":*
*Namen der Mitarbeiter und Termine festlegen*

Bisher wurden die einzelnen Abende überwiegend von den Gruppenleitern unserer Kinder- und Jugendgruppen geplant und durchgeführt.
In der Vergangenheit zeigte sich aber, daß diese Mitarbeiter etwas überfordert waren, wenn sie neben ihrer guten Gruppenarbeit noch für diesen Bereich unserer Jugendarbeit sorgen sollten.
So wurde also an diesem Abend für jedes Thema eine kleine Vorbereitungsgruppe gebildet. Am besten ist es, wenn man die Namen der einzelnen Mitarbeiter sofort notiert und nach Möglichkeit auch schon Termine festlegt. So taten wir es denn auch. Erst dann kann man nämlich sicher sein, daß die Planungen auch wohl verwirklicht werden. Bei einem abwechslungsreichen Programm kann dann eigentlich nichts mehr schiefgehen.

# *29*
# *„Als Christen unterwegs"*

## Jugendmesse und Nachtwallfahrt im Jugendtreff

*Methode:*
Gottesdienst; Fahrradtour oder Wanderung; Wallfahrt

*Fachleute:*
Vorbereitungsteam für die Jugendmesse; Animateure für Gesprächsgruppen

*Material:*

Alles, was für die Meßfeier benötigt wird; für die Nachtwallfahrt Kreuz, Fackelträger; Schlußleuchte zum Absichern der Fußgängergruppe; Eßgeschirr, Suppe o. ä. für die Anzahl der Teilnehmer

## *Jugendmesse im Jugendtreff*

Jugendmessen gehören inzwischen zum festen Bestandteil lebendigen Gemeindelebens. Meist werden diese mit viel Aufwand – auch an musikalischen „Darbietungen" – vorbereitet und durchgeführt. Sicher ist es gut, diese Jugendmessen auch als Gemeindemessen zu feiern. Darüber hinaus hatten wir die Idee, auch einmal im Rahmen des Jugendtreffs eine Messe zu feiern. Dazu haben wir uns buchstäblich „auf den Weg" gemacht. Kleine Kapellen oder Dorfkirchen eignen sich dafür besonders. Die Anreise könnte mit Fahrrädern erfolgen – auch das kann schon ein Stück Gemeinschaftserlebnis sein. Es ist gut, nach der Messe noch etwas zusammen zu bleiben. Dann kann es auch noch etwas zur Stärkung für die Rückfahrt geben. Da gibt es ganz einfache Dinge: schmackhafte Suppen in Dosen z. B., die man nur aufwärmen muß. Ein andermal haben wir es mit Spaghettis und Tomatensoße gemacht – lekker und vor allem unkompliziert und billig. Etwas anspruchsvoller waren dann schon unsere Blätterteig-Wurstbrötchen. Die können beim Bäcker bestellt werden, und man braucht sie später an Ort und Stelle nur im Backofen aufzuwärmen. Wer es besonders „exklusiv" möchte, kann dann noch ein großes Glas Salat dazu besorgen.
Die Meßfeier selbst kann in ganz schlichter Form gestaltet werden. Viel Stille; vielleicht ein Instrumentensolo. Zur textlichen Gestaltung des Wortgottesdienstes sollte man sich einige Gedanken machen. Gute Erfahrungen zum Nachdenken über den Bibeltext haben wir mit der Erstellung von sog. Verfremdungstexten gemacht. Die Gleichnisse des Evangeliums werden einfach mal in eine andere

Sprache, einen Zeitungsbericht z. B. gebracht. Selbstverständlich darf damit der richtige Evangelientext nicht verdrängt werden.
Unsere Erfahrungen mit der „Jugendmesse im Jugendtreff“ waren jedenfalls ausgesprochen positiv.

*Als Christen unterwegs: Nachtwallfahrten des Jugendtreffs*

In unserer Stadt wird seit etwa drei Jahren der Versuch unternommen, jährlich eine Nachtwallfahrt mit Jugendlichen durchzuführen. Die Idee dazu entstand am Rande der Jugendtreffs. Bisher stieß dieses Angebot auf unterschiedliches Interesse. Verschiedene Faktoren sind dabei zu berücksichtigen: Jahreszeit, Wetter, Situation der Schulen (Zeugnisse, Abitur, Klassenarbeiten). Eine ausreichende Werbung ist unerläßlich. Die Jugendlichen müssen gezielt eingeladen werden. Das kann mittels Handzettel (etwa drei Wochen vorher verteilen), Plakate, Zeitungsnotizen, Publikandum in der Kirche o. ä. geschehen. Am wichtigsten ist allerdings das persönliche Ansprechen, z. B. in den Schulen, Jugendgruppen, nach dem Sonntagsgottesdienst etc. Somit konnten wir bei der ersten Nachtwallfahrt rund 130 Teilnehmer zählen. Unsere zweite Nachtwallfahrt fand in der Nacht zum Buß- und Bettag statt. Es scheint, daß solch ein Tag für die Durchführung einer Nachtwallfahrt gut geeignet ist. Immerhin waren wir mit etwa der gleichen Teilnehmerzahl wie im Vorjahr unterwegs. An der dritten Wallfahrt in der Nacht zum dritten Adventsonntag nahmen „nur“ etwa 60 Jugendliche teil. Sicher ist der „Erfolg“ einer solchen Veranstaltung niemals in Teilnehmerzahlen auszudrücken. Trotzdem machte uns natürlich der Rückgang nachdenklich. Spielte bei den ersten beiden Wallfahrten das Wetter gut mit, war es diesmal „lausig kalt“. Zum anderen kam die Vielzahl weiterer religiöser Veranstaltungen in der Vorweihnachtszeit hinzu. Da kann dann durchaus ein Überangebot entstehen. – Vielleicht liegt es daran.

*Warum Nacht-Wallfahrt?*

Wallfahrten versinnbildlichen den Lebensweg des Menschen zu seinem ewigen Ziel. Am Wallfahrtsort kann das zeichenhaft gegenwärtig sein. Die Mühen der Wallfahrer sind ein Werk der Sühne und wohl auch ein öffentliches Bekenntnis des Glaubens. Eine Nacht Schlaf zu opfern ist sicher mehr wert als der Verzicht auf ein paar Süßigkeiten. Hinzu kommen die Belastungen eines ungewöhnlich langen Fußweges. Das ist die eine – mehr spirituelle – Seite. Sicher handelt es sich bei einer *Nacht*-Wallfahrt auch um ein Stück gemeinsamen religiösen Erlebens, sagen wir ruhig: ein Stück Abenteuer. Vielleicht braucht man altbewährte Dinge nur zu ungewöhnlichen Zeiten wieder anzubieten. Die gleichen Beobachtungen sind ja bei der„Frühschicht", der „Liturgischen Nacht", dem „Emmausgang" usw. zu machen.

*Thema der Wallfahrt: „Zwischen Angst und Hoffnung"*

Etwa zwei Monate vorher wurde ein Vorbereitungsteam von etwa 10 Leuten gebildet. Diese sollten auch später während der Wallfahrt die Rolle eines „Animateurs" oder Gesprächspartners übernehmen. In der ersten Zusammenkunft einigten wir uns auf das Thema: „Zwischen Angst und Hoffnung", denn Angst im Leben ist nur die eine Seite – auf der anderen steht die Hoffnung. Sodann wurde der Wallfahrtsweg und die Wallfahrtskirche festgelegt. Wir waren der Meinung, daß wir zur Wallfahrtskirche jedes günstig gelegene Gotteshaus erklären könnten. Und das hatten wir denn auch in der Beckumer St.-Martini-Kirche gefunden. Von der Ahlener St.-Bartholomäus-Kirche geht ein 14 km langer Fußweg am Wersebach entlang und endet kurz vor der Martini-Kirche. Wenn man den Rückweg ebenfalls zu Fuß einplant, darf die einfache Entfernung nicht über 15 km sein. Außerdem ist bei der Festlegung des Weges unbedingt darauf zu achten, daß man unterwegs nicht zu sehr durch vorüberfahrende Autos gestört wird. Um 21.00 Uhr haben wir mit einem kurzen Wortgottesdienst in unserer Kirche begonnen. Brücken sind Symbole für die Überwindung von der Angst zur Hoffnung. Ein Dia mit dem Bild einer Brücke war bei diesem Wortgottesdienst Gegenstand der Meditation. Auch der Weg zur Wallfahrtskirche verläuft über einige Brücken …

Diese Brücken regen zur Frage an, ob es nur ein paar Bretter und Balken sind – oder mehr? Eine Brücke verbindet zwei getrennte Ufer miteinander. Eine Brücke ist nicht für sich selbst da. Sie dient den Menschen. Sie trägt, gibt Halt. Auch das gute Wort ist wie eine Brücke. Es kann Menschen, die vorher getrennt waren, miteinander verbinden. Für den Christen ist aber letztlich Jesus Christus die starke Brücke. Er will uns mit Gott und miteinander verbinden.

### *Verlauf der Nachtwallfahrt*

Schweigend machte sich die große Schar nach diesem Wortgottesdienst auf den Weg – angeführt von einem Kreuz und zwei Fackelträgern. Mit dem Schweigen klappte das überraschend gut. Keiner brach das Schweigen, jeder ging seinen eigenen Gedanken nach. Allerdings muß vorher (wiederholt) darauf hingewiesen werden, daß es sich nicht nur um eine Nacht-*Wanderung* handelt. Diese Zeit bis zur ersten Station dauerte eine gute halbe Stunde. Ein freier Platz gegenüber einer Zeche eignete sich zum ersten Nachdenken über den zurückgelegten Weg. Danach wurden kleine Gruppen von etwa 6 bis 10 Personen gebildet. In diesen kleinen Gemeinschaften wurde gemeinsam über das Thema gesprochen. Jetzt sorgten die „Animateure“ für den Fortgang der Gespräche.

Anhand von Impulsfragen überlegte jede Gruppe, wie der einzelne mit der Angst fertig werden kann und was ihm Hoffnung gibt: Hoffnung durch den Glauben?

Hier die Impulse für ein Gespräch über das Thema: Zwischen Angst und Hoffnung

1. Wir sind gemeinsam unterwegs – auf einer Wallfahrt. Wir haben gemeinsam Ängste – und gemeinsame Hoffnungen: darüber wollen wir miteinander sprechen.
2. Jeder von uns hat Angst erlebt. Ein Leben ohne Angst gibt es wohl nicht. Wer möchte, kann jetzt ein Beispiel erzählen, wo er Angst erlebt hatte – und wie er damit fertig geworden ist.
3. Vor welchen Fragen habe ich Angst? Vor welchen Entscheidungen habe ich Angst? Welche Situationen machen mich unsicher, unruhig? Was bringt mich zur Verzweiflung? – Meine Zukunft?
4. Nur in Angst kann man nicht leben – man lebt auch aus einer Hoffnung.
5. Aus welcher Hoffnung habe ich in den letzten Wochen und Monaten gelebt? Was gibt nun Zuversicht für die Zukunft?
   Jesus Christus – ist das eine Hoffnung für mich? Kann ich anderen Hoffnung geben?
6. „Lebe das, was du vom Evangelium begriffen hast? Und wenn es noch so wenig ist? Aber lebe es!“ Roger Schutz, Prior von Taizé

Etwa um 24.00 Uhr erreichten die Kleingruppen die „Wallfahrtskirche“. Eine *Eucharistiefeier* schloß sich an. Hier die einzelnen Elemente der Meßfeier:

*Lied* zur Eröffnung: Wachet auf, ruft uns die Stimme ... (GL 110)
Wir haben den Weg der Umkehr und der Buße mit unserer Wallfahrt ganz praktisch umgesetzt. – Hat es einen Sinn, diesen Weg, der uns Opfer abverlangt, zu gehen? Wohin führt er eigentlich? Vielleicht dürfen wir jetzt das Ziel unserer Pilgerfahrt erkennen: Jesus Christus, unsere Hoffnung und Zuversicht.

*Tagesgebet*

Lasset uns beten! – Herr, unser Gott, vor dir brauchen wir keine Angst zu haben. Dein Sohn hat die Angst besiegt. Du bist unsere Hoffnung. Dir vertrauen wir, denn du stehst uns bei. Wir wollen jetzt deine Botschaft der Hoffnung hören.

*Evangelium:* „Jesus im Sturm" – Mt 8,23-27

*Predigtstichworte:*
Da sitzen wir nun alle – müde und erschöpft – Aus der dunklen Nacht sind wir in diese Kirche gepilgert – Wie Fragende und Suchende sind wir in dieser mitternächtlichen Stunde hier versammelt – Unsere Wallfahrt hier ist keine Nachtwanderung mit prickelnden Erlebnissen – Unsere Wallfahrt ist der Versuch eines kleinen hoffnungsvollen Schrittes in die Zukunft – Manche mögen sie nicht: die Zukunft – warum? – Was macht Angst? – Angst des Kindes vor den übermächtigen Erwachsenen – Angst davor, nicht ernst genommen, nicht anerkannt zu werden – Angst vor Mißerfolgen in der Schule, Beruf, beim Sport, bei der Party – Angst, den Freund, die Freundin zu verlieren – Angst davor, einsam und allein zu bleiben – Geben wir es an dieser Stelle ruhig einmal offen zu: Ich habe persönlich Angst – Aber Angst ist nur die eine Seite – Gerade als Christ darf ich hoffen – Schon die Umwelt Jesu war voller Angst – Nicht Zaubersprüche sind es, die das Wunder der Heilung bewirken, sondern die spürbare Nähe Jesu Christi – Und wir? Was Menschen schon zu Lebzeiten Jesu erfuhren, gehört für die Glaubenden seitdem immer zusammen: Gott wirkt befreiend durch Menschen, die sich wie Jesus verhalten – Wer christlich glaubt, verliert die Angst um sich selbst

*Fürbitten*

Viele Menschen haben Angst und finden keinen, der ihnen hilft, die Angst zu überwinden. – Wir bitten dich, laß sie Menschen finden, die ihnen neuen Mut geben.
Christus, höre uns. *Alle:* Christus, erhöre uns.

Viele kranke Menschen haben die Hoffnung auf Gesundung aufgegeben. Wir bitten dich, laß sie wieder neue Hoffnung schöpfen. Christus, höre uns.

*Alle:* Christus, erhöre uns.

Wir bitten dich für alle Verzweifelten, daß sie in dir, Jesus Christus, wieder neue Hoffnung finden. Christus, höre uns.

*Alle:* Christus, erhöre uns.

Wir bitten dich für uns. Hilf uns, daß wir unsere Ängste mit der Hoffnung auf dich überwinden. Christus, höre uns.

*Alle:* Christus, erhöre uns.

*Lied zur Gabenbereitung:*
Wir sind nur Gast auf Erden (GL 656,1–3)

*Viertes Hochgebet oder Hochgebet für die Kirche in der Schweiz*

*Schlußgebet:*
Lasset uns beten!
Wir danken dir für dieses Mahl, das wir mit dir gefeiert haben. Heute nacht haben wir erfahren, daß wir nicht allein mit unseren Ängsten sind. Viele gehen mit uns den Weg der Hoffnung. Laß uns zur Hoffnung werden für alle, die keine Hoffnung haben. Durch Christus, unsern Herrn. Amen.

*Schlußlied:*
Mir nach, spricht Christus ... (GL 616,1 + 2)

*Vor dem Heimweg: „Stärkung" im Pfarrheim*

Wallfahrten waren bekanntlich seit jeher auch mit körperlichen Anstrengungen verbunden. Darum gab es nach der Meßfeier im Pfarrheim der gastgebenden Gemeinde zur Stärkung etwas Warmes zu essen. Gut ist es, ein paar kühle Getränke bereitzustellen. Müdigkeit? – keine Spur mehr. In den trockenen und warmen Stuben war die richtige Atmosphäre zu Gesprächen aufgekommen. Trotz Wind und heftigem Regen machte sich der weitaus größere Teil der Pilger wieder zu Fuß auf den Heimweg.